约翰福音讲解集

主的足迹

上

Footsteps of the Lord I

Lecture on the Gospel of John

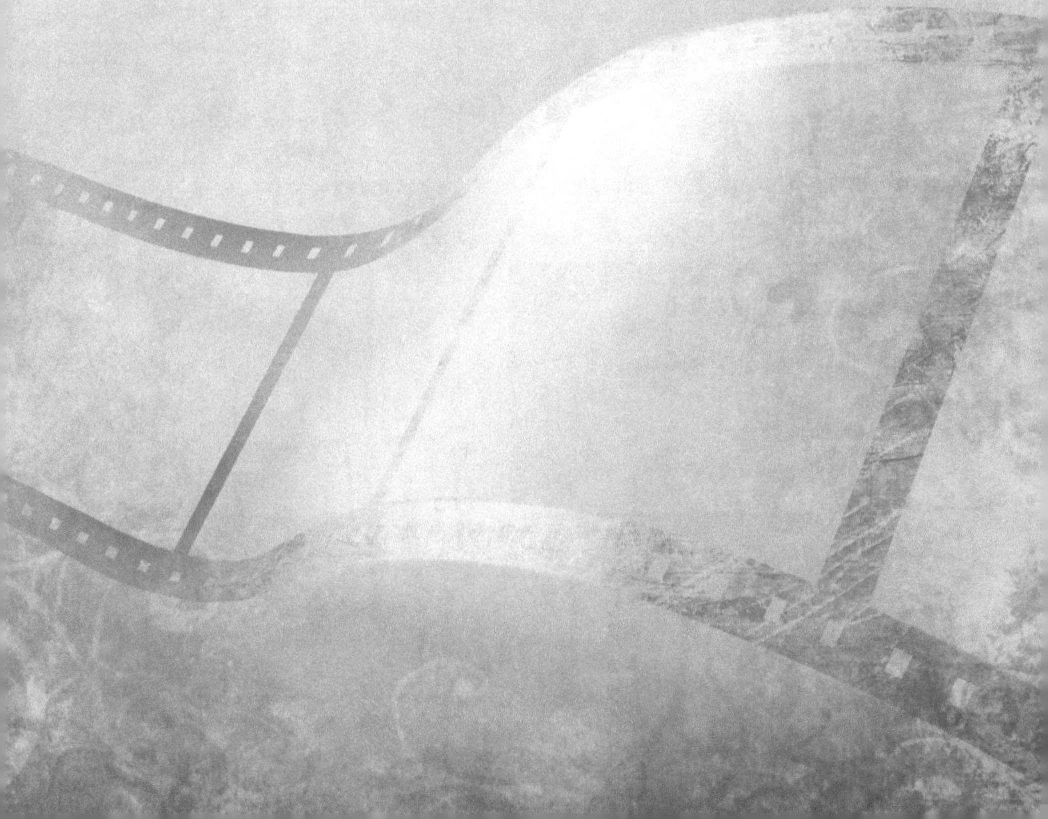

拿撒勒全景（路2：51、52）
耶稣在拿撒勒度过了童年，一有空就上小山，望着天空祈祷并思考神的旨意和计划。

耶稣降生之地（太2：9）
两千年前降生于犹太伯利恒的耶稣，
顺从神的旨意，撇下天上的荣光，
自己卑微，取了奴仆的形像，甘心走上苦难之路。

婴孩耶稣避难教会（太2：13）
此处推断为马利亚和约瑟躲避希律王的迫害，
领婴孩耶稣避难到埃及，暂且停留的地方。

为了拯救陷入罪污的全人类，

撇下天上的荣耀，

来到这世界的

耶稣。

试探山（太4:1）
耶稣禁食40天后，被圣灵引到此处，经受魔鬼的试探。

约旦河（太3:13）
耶稣在开展圣工之前，受了洗，随即从水里上来的时候，天开了，看见圣灵仿佛鸽子落在祂身上。

迦拿神迹教会, 石缸 （约2: 7-11）
耶稣在迦拿的婚宴上彰显变水为酒的头一件神迹,
作为他传道生涯的"信号弹"。

迦百农会堂 （路4: 31、32）
会堂里面有讲论神道的场所和回廊。
耶稣所到之处均以当地的会堂为中心传播天国的福音。

伯赛大 （太11: 21）
耶稣在此处行了许多异能, 却无人悔改。
当年耶稣责备该城时的哀叹之声犹在处处弥漫。

耶稣将天国的福音传给那些如同迷失的羊，

在黑暗中徘徊的众灵魂，

将他们引入真光。

使被疾病所累、被掳欺压的得释放，
给被冷落的灵魂带来安慰与盼望的耶稣。

五饼二鱼纪念堂（约6：11-13）
是纪念主耶稣在野地，用两条鱼和五个饼让五千人吃饱的神迹而兴建的教堂。

主祷文教堂（太6：9-13）

西罗亚池（约9：7）
是生来眼瞎的人顺从耶稣的话语而睁眼的地方。

变形山（路9：28-30）
耶稣在此处变成灵体，与摩西和以利亚先知进行深层属灵对话。

是耶稣教导门徒主祷文的地方。教堂墙面
上刻写着70多个国家语言的主祷文译文。

橄榄树
海拔810米的橄榄山，自古以橄榄树繁茂成林而得名。

就像倾尽自己的生命看守羊群的好牧人一样，

爱灵魂，甚至为众人舍命的真正的好牧人——

耶稣。

约翰福音讲解集

主的足迹

（上）

李载禄博士

本书所引圣经经文取自
《现代标点和合本》

自 序

重温主的足迹……

在重温主耶稣足迹的圣地巡礼途中，面对碧波荡漾的加利利海，我的思绪飞到了两千年前的光景，甚至唤起我身临其境的错觉。这里的一块石头、一根小草也无从忽略。闭上双眼仿佛有主的声音清晰传到耳际，依稀看到尘沙飞扬之处跟随主脚步的群众……，现在和过去互相交融，仿佛身临当时主作工的现场。这也许是因我向往主的心格外迫切的缘故吧！

《圣经》有记载主耶稣足迹的四福音书，分别为马太福音、马可福音、路加福音、约翰福音。其中约翰福音灵意最为深刻，是圣经多处所提及的"耶稣所爱的门徒"——约翰将自己在耶稣身边亲眼看到，亲耳听到的事记录在其中。约翰福音是最为突出地显明耶稣基督是独一无二的救赎者、神子的福音书。

我每当读起福音书的时候，不禁感动满怀。尤其是在圣灵的感动中领悟到约翰福音的深邃灵意之后，欲传此道，迫切难耐。主曾嘱托使徒彼得说"你喂养我的羊"，我也切愿所有的圣徒们都能明白蕴藏在约翰福音里的深奥的灵意。于是从1990年7月开始进行了约翰福音讲解，讲解共有221篇，内容庞大。

使徒约翰零距离目睹了耶稣的生活，并记录了约翰福音，《主的足迹》一书就是以约翰福音为中心，淋漓尽致地呈现两千多年前耶稣的生活写照，并且揭示了追溯到亘古以前，太初的奥秘、耶稣的根本，以及救赎人类的奇妙大爱。

耶稣经常在圣殿、会堂、山上或旷野布道，教训众人。祂传讲的道主要是关乎神、耶稣祂本人和永生的信息。祂以日常生活中常见的题材作比喻，浅显易懂地讲解神的道，使任何阶层的人都能听得明白。尽管大祭司、法利赛人和文士们未能领悟其灵意，但像尼哥底母、叙加城的妇人、拉撒路那样心地善良的人们，透过耶稣的道，改变了人生。耶稣传讲人们闻所未闻的生命之道，给穷人、病人等弱势群体带来了安慰和盼望，便拥有了许多追随者。

然而，未能领悟神旨意的人们，最终背叛耶稣，甚至呼吁要求将耶稣钉于十字架，因为耶稣不是他们想象中的弥赛亚。被钉十字架的耶稣到底想些什么呢？

因为十字架的路，才是成就神旨意的路，所以耶稣甘心忍受百般的苦难，为人类舍己牺牲。我们若明白耶稣的这般宏恩大爱，就不得不向祂屈膝跪拜。耶稣的降生，以及在祂生平所彰显的神迹和奇事、所宣讲的道、十字架的苦难、复活等行迹，无不包含属灵的意义。我们若醒悟关乎祂的每一个事件中所包含的灵意，就能明白神向着我们的深层的旨意。

蕴藏在约翰福音里的永生的奥秘，同样适用于生活在现今时代的我们。我们只要打开心门，用善心来领受此道，就能获得无价的财宝；实践此道，必得蒙神惊人的祝福、应允和能力。

衷心感谢为此书的发刊付出辛劳的宾锦善编辑局局长以及所有同工,并奉主的圣名祝愿所有读者,重温主的足迹,感受到神的大爱,谨守遵行主的教导,从而蒙主丰富的应允和祝福。

2009年1月

李载禄博士

简　介

记录约翰福音的过程

1. 关于记录者

约翰福音的记录者是"耶稣所爱的门徒"（约翰福音13章23节；19章26节；20章2节；21章7节、20节）——使徒约翰。约翰福音虽没有明确提到记录者是谁，但根据一些章节中的相关记录，我们可以推断使徒约翰就是那个亲眼目睹耶稣生活的"耶稣所爱的门徒"（19章35节；21章24节）。

使徒约翰是渔夫出身，是西庇太和撒罗米的儿子，与哥哥雅各一同早年作了耶稣的门徒，因性格火爆而得了个"雷子"的绰号。他深蒙耶稣厚爱，曾经与彼得、雅各一同上了变形山，得以亲眼目睹耶稣改变形像的情形；当耶稣使管会堂的睚鲁之女复活时他也在场。而且，当耶稣被犹太人祭司捉拿时，门徒们都惊恐逃跑，惟独他始终陪在十字架旁，并受耶稣之托奉养其母——童贞女马利亚。

亲眼目睹耶稣的复活，并领受圣灵的他，身上发生了巨大的变化，一生致力于传福音的事业（使徒行传4章13节），晚年在以弗所度过。他在堪称"第二尼禄"的暴君——图密善（Domitian）时代被放逐到拔摩岛。花岗岩所构成的该岛，是干旱无水、寸草不长的荒凉之地。

在这里，约翰白天在罗马军兵的监视下做采石的苦工；夜间忍受寒冷和饥饿，专心恒切祷告。在约翰曾经天天祷告的山洞里，至今还保留着他祷告结束之后手扶岩石起身而留下的拳头大的凹痕，反映出当时的状况。图密善（Domitian）皇帝死后，约翰重返以弗所，在那里结束了他的一生。他被号称"爱的使徒"。"爱"这个词，在他所记录的约翰福音和约翰一、二、三书上至少出现120次之多。

2. 记录目的

使徒约翰在约翰福音20章31节表明了记录约翰福音的目

的——"但记这些事，要叫你们信耶稣是基督，是神的儿子，并且叫你们信了他，就可以因他的名得生命。"

当时许多犹太人强烈否定耶稣是基督，而且极其恨祂，并将祂钉死在十字架。然而，使徒约翰以自己亲眼目睹的事实为依据，撰文确证耶稣是神子，是基督。

约翰福音的主题是："基督就是生命，是光，是爱"，突出显明降世为人赐人生命的基督；用真光照亮黑暗世界的基督；舍命舍身显出神之大爱的基督。

3. 特征

一般来讲，记录耶稣亲口之言的四福音书中，马太、马可、路加福音，不论在内容上，还是在结构和观点上均大同小异，故叫做"共观福音"(Synoptic Gospels)，与约翰福音有明显的差异。

第一，共观福音是以加利利为中心，记述耶稣的圣工；约翰福音则主要以耶路撒冷和犹大为中心进行记述。

　　第二，共观福音上只提到一次逾越节（马太福音26章1-5节；马可福音14章1节；路加福音22章1-2节），约翰福音上则提到三次（约翰福音2章13节；6章4节；11章55节），暗示耶稣做圣工至少有三年。

　　第三，若说共观福音着重神的国度，那么，约翰福音则是以耶稣和神的关系以及永生为主题（约翰福音3章16节、36节；5章24节；12章25节；17章2节、3节）。约翰福音是惟一提到耶稣的根本——"太初与神同在"这一信息的福音书，其中有很多"我是……"的描述，比如"我就是生命的粮"（约翰福音6章35节）；"我是世界的光"（约翰福音8章12节）；"我就是道路、真理、生命"（约翰福音14章6节）；"我是好牧人"（约翰福音10章11节）；"我是真葡萄树"（约翰福音15章1节），借以显明自己的身份。约翰福音里还记录着耶稣在迦拿婚宴上彰显的第一件神迹，以及访问撒玛利亚等许多在共观福音中找不到的内容。

约翰福音的另外一个特点是：在耶稣说话的内容中总是出现"我实实在在地告诉你们"这样一个形容，其目的是要强调神道的重要性。

编辑部长　宾锦善

目 录

第一章

降世为人的神子

2.施洗约翰的见证 (1:19-34)

3.追随耶稣的人们 (1:35-51)

道成肉身的耶稣

　　自古以来，人们重视血统和家世。从家谱中可以窥见人们寻求自己本源的努力。从家谱中人们可以了解到自己的父母、祖父母、曾祖父母是谁，以及本族世系与血统来源。我们将祖谱追溯到尽头，便会出现人类的始祖，那就是亚当和夏娃。

　　那么，在我们人类存在之前，到底有过什么事，人类的起源是什么，神子耶稣为何降世为人？

道与神

　　太初有道，道与神同在，道就是神。（1章1节）

约翰福音1章1节蕴藏着太初的奥秘。开头就说："太初有道"。这是在说明神本来是以道的形式存在。神不像人有父，有母，有生之始，神乃是亘古永存、自有永有的完全者（出埃及记3章14节）。

其实，"太初"一词用在解释神的本源上显得多余。但由于人照着自己的知识和经验认为凡事都有开头，于是神为便于人类理解，就把"太初"一词用作一个区分点。

创世记1章1节说："起初神创造天地。"这里的"起初"和"太初"是完全不同的概念。创世记里讲的"起初"是指神创造天地的时期；约翰福音里的"太初"则是指创世以前、靠人有限的思维是无从理解的无限的既往。

那么，为何不说"太初有神"，而说"太初有道"呢？这是为了说明神的形像。神起初并非以特定具体的形像存在的。就像约翰一书1章5节所说"神就是光"，太初，神是以光和声音的样式存在的，就是在极其美丽而璀璨的光里含着无穷的道，并治理着整个宇宙空间。

这道，是既明净、透亮、柔和，又足以震动整个宇宙的宏亮的声音。在极深的圣灵感动中，听过神的声音的人，或许能理解这种情形。独自运行在广袤的属灵空间，治理整个宇宙的神，到了某个时候，立定了"耕作人类"的计划，旨在获得分享爱的对象——真正的儿女。

立定了此计划之后，神才具备了形像（创世记1章26节）。太初以道的形式存在的神，后来呈现人与之相似的形像，以圣父、圣子、圣灵三位一体之神的形式存在，因为出于得到真儿女的目的，需要将来救赎人类的耶稣；为了完结耕作人类的工程，需要圣灵的作工。

"道与神同在"，此话给人的一种感觉是：道和神是分离的，然而"道就是神"这个结论又告诉我们道与神本为一。但非要论先后的话，道在神以先。原因是：道呈现为三位一体之神的形像之后，才具有了"神"这个名称。道在独居之时，不需要名称，但为了耕作人类，则需要有个供人识别的名称。

说起"道"，人们一般只想到圣经66卷书。然而，圣经的内容只是限于耕作人类期间所需的部分，是太初之道中极小一部分，因为太初之道涵盖神的整个心。

耶稣基督

这道太初与神同在。万物是藉着祂造的；凡被造的，没有一样不是藉着祂造的。生命在祂里头，这生命就是人的光。光照在黑暗里，黑暗却不接受光。（1章2-5节）

太初以道存在的神，为了耕作人类，以三位一体之神的形式存在，并一起进行创造之工。本文再次显明从太初，即从创世以前开始，圣父、圣子、圣灵三位一体的神同在，同工的事实。

为了获得真儿女，立定耕作人类之计划的神，到了时候，用话

降世为人的神子

5

语创造了天地万物。神说："要有光"，就有了光，山川草木以及所有的生物也都是借着神话，即神道而造成的（创世记1章），因为道就是创造主本身，是生命的根源。

神在最后创造了人类，并开展耕作人类的工程。神希望借此拣选以祂的心为心的儿女们，但人们没有遵照祂的旨意而生活。

于是，神为了将真生命赐给因罪而注定灭亡的人类，就道成肉身，降世为人，这便是圣子——耶稣。耶稣与圣父原为一，因此祂一切的言语和行为都是神心的表明，难怪耶稣说："人看见了我，就是看见了父"（约翰福音14章9节）。

耶稣虽然披戴人血肉的身体，但其根本就是道，故能用道，即话语医治病人，叫死人复活，平静风和海（马可福音4章39节）。祂还替我们背负十字架，赐我们永恒的生命，并且赏赐天国（约翰一书1章2节）。

约翰一书5章12节说："人有了神的儿子就有生命，没有神的儿子就没有生命。"约翰福音14章6节记载："耶稣说：'我就是道路、真理、生命；若不藉着我，没有人能到父那里去。'"

本为生命的耶稣，降世为人，成为世人生命之光。这一真光，照亮黑暗，使人醒悟属黑暗的非真理，明白神的良善，从而走向生命、真理和光明。

正如本文说"黑暗却不接受光"，被罪所沾染的人因为隶属于幽暗世界的主宰——仇敌魔鬼，所以看见了真光，也不肯接受。

奉差见证真光的人

> 有一个人，是从神那里差来的，名叫约翰。这人来，为要作见证，就是为光作见证，叫众人因他可以信。他不是那光，乃是要为光作见证。（1章6-8节）

神在差遣耶稣到此地之前，预备一个人对充满不法、不义和罪孽的人们作耶稣的见证。

人们通常说：神是掌管人类生死祸福的神。当然，人的生、死、祸、福都是在神的掌控之中，神也按照次序协调治理整个宇宙万物，但神不会一一干预和安排一个人生于哪个父母、与谁结婚等等。男女择偶、结婚都是出于各人的自由意志，并非出于神的安排，而且人怀胎生子也是由于神所赋予的精子和卵子的结合。

但有例外的情况：有时神为了拣选某一特定的人物，作祂的器皿，对其进行干预。预知未来的神，有时为了成就某种旨意而预先选择特定的人物。施洗的约翰就是其中一人，他在神的旨意当中成胎，预备作全人类的救主耶稣的先行者。

路加福音1章5-6节记载："当犹太王希律的时候，亚比雅班里有一个祭司，名叫撒迦利亚。他妻子是亚伦的后人，名叫伊利莎白。他们二人在　神面前都是义人，遵行主的一切诚命礼仪，没有可指摘的；"撒迦利亚和伊利莎白被神称许为无可指摘的义人。只是他们有一样缺乏的，就是老来无子。神喜悦他们良善的内心，便开启怀胎的门,使其怀胎生子(路加福音1章13节),其子便是施洗的约翰。

在神的旨意当中,施洗的约翰比耶稣早六个月出生,其人生经历与众不同。他在与世隔绝的旷野,身穿骆驼毛的衣服,腰束皮带,吃的是蝗虫、野蜜,过节俭的生活(马可福音1章6节)。他单单与神交通,领悟自己的使命,并为将来的圣工做好准备。

他的使命是预备耶稣的道路。人自己作自己的见证,远没有别人为他作见证有说服力。耶稣若自称弥赛亚,叫人信他,便很难得到别人的认定。于是,神拣选约翰这个人,使他预先为将要来的弥赛亚作见证。

见证光明的人若在黑暗中行,便无人信从他的话。约翰过廉洁的生活,甚至没有两件褂子,他彻底遵行神的话语,为人师表,作耶稣的见证。

真光和神的儿女

> 那光是真光,照亮一切生在世上的人。祂在世界,世界也是藉着祂造的,世界却不认识祂。祂到自己的地方来,自己的人倒不接待祂。凡接待祂的,就是信祂名的人,祂就赐他们权柄,作神的儿女。这等人不是从血气生的,不是从情欲生的,也不是从人意生的,乃是从神生的。(1章9-13节)

这个世界上的发光体，无论它怎么亮，其亮度还是有限的。即使是太阳，也无法同时照亮整个地球。但耶稣是真光，可以照亮整个世界和所有的人。世上的光，注定消灭，但耶稣基督是永不消灭的光，故称真光。

施洗的约翰，尽心竭力宣传这光，人们却仍不认耶稣。因为耶稣跟他们想象中的弥赛亚相距甚远。当时在罗马帝国的压制中受苦的犹太百姓，他们所等候的弥赛亚是能够将他们从罗马的殖民统治中解放出来的有政治魄力的人物，可耶稣在他们眼里却是个极其寒碜的人物。

然而，凡接待这位来到犹太地的耶稣，就是信祂名的人，祂就赐他权柄，作神的儿女，并且赐予圣灵，将其名字记录在天国的生命册上，从此拥有称神为父的特权。这一权柄，是这世界上任何东西都无与伦比的瑰宝。因着血缘而形成的家族关系，必然会随着死亡而断绝，但在神里面建立的属灵家族关系，将会延伸到永恒的天国（马太福音12章50节）。

在主里面，神的儿女都是一家人，是弟兄、姊妹。偶尔有人以为自己接待耶稣基督到教会完全是自发的，但绝非如此。我们成为神的儿女，并非因着我们自身的努力或意愿，而一切都是因着神的恩才成的，神的儿女，都是从神生的。

父独生子的荣光

道成了肉身，住在我们中间，充充满满地有恩典，有真理。
我们也见过祂的荣光，正是父独生子的荣光。（1章14节）

太初以道的形式存在的神，披戴肉身，降到这个世界，为的是
要将神显于我们人类。然而，因不能将披戴肉身，具有受造之物人
类之形像的神称作神，便称作神的独生子"耶稣"，"耶稣"翻出
来就是"要将自己的百姓从罪恶里救出来"（马太福音1章21节）。
神在差遣耶稣之前，透过天使加百列将耶稣降生的事启示于童贞
女马利亚："圣灵要临到你身上，至高者的能力要荫庇你，因此所
要生的圣者，必称为神的儿子（或作"所要生的必称为圣，称为
神的儿子"）。"（路加福音1章35节）

因圣灵感孕，由童贞女马利亚所生的耶稣，祂降生的环境极其
寒碜。当时罗马皇帝有旨意下来，全部人民务必申报户籍。于是，
约瑟和马利亚遵命前往伯利恒。由于人们从四面八方返乡，伯利恒
的旅馆早已爆满，俩人无处渡宿，只有一个马棚可以暂住，耶稣便
在这里降生。耶稣降生于兽棚，便是为了救赎与兽无异的全人类。

然而，耶稣的降生环境在属灵上并非寒碜——有许多天兵、
天使赞美神，欢喜庆祝救主的降生，因为耶稣将要打破死亡权势，
将许多人引入神的怀抱。

耶稣出生于犹太的伯利恒，祂出生不久就随从肉体的父母避难到埃及，后来重返故土，在位于加利利海西南部的拿撒勒度过了童年岁月。祂时常在悠闲宁静之处，独自一人与大自然为伴，思想神的计划和旨意。一有空就上小山，望着天空祈祷，思想神的话语，等候成就神赋予之使命的时刻，即传天国的福音，背负十字架的时候。

耶稣12岁那年，父母带祂到耶路撒冷守每年一度的逾越节。守满了节期，他们回去，因为人多的缘故，走了一天的路程才发现耶稣不在身边，就以为耶稣在人生地不熟的地方迷了路，便焦急地追溯来过的路，打听耶稣的下落，三天的时间，他们在路上，在城里寻遍了，但毫无结果。就在他们既疲惫，又沮丧的当儿，正好发现耶稣在殿里，坐在教师中间，进行讨论。祂那端正的姿态中丝毫找不到因迷路而不安的神色，反而像在自己的家里那样平和安详。

在那里，年幼的耶稣好几天与精通于律法的拉比们谈论，凡听见祂的，都希奇祂的聪明和祂的应对。这个事件表明：耶稣在年仅十二岁的时候就已经具备了渊博的圣经知识，甚至参透律法所包含的灵意。因此，路加福音2章52节说："耶稣的智慧和身量（"身量"或作"年纪"），并神和人喜爱祂的心，都一齐增长。"

有些人猜测耶稣小时候可能是帮肉体的父亲约瑟从事了木工活儿。但耶稣若被生计所累，做了木工活儿，怎能具备如此渊博的知识，甚至连精通于律法的拉比们都为之吃惊？再说，童贞女马利亚清楚明白耶稣的身份，是至高神的儿子，岂能容祂做木工活儿

降世为人的神子

呢?马利亚一定是用赤诚的心服侍和照料了耶稣。

从小为三年的传教生涯做准备的耶稣,到了三十岁,便正式开展圣工。祂呼召门徒,彰显神的大能。祂作为神子,见证永活的真神,并将荣耀归于父神。祂开了瞎子的眼;使哑巴开口说话;叫死人复活;使许多人寻找人的本分,恢复神的形像,脱离如兽人生;祂代赎了人类的贫穷、疾病和软弱;使绝望变为盼望,使死亡变为永生。

这就是所谓的"恩典",是神白白所赐于我们的。而且,"真理"是指纯正的道,即生命、永生、真诚本身,具有永恒不变的属性。耶稣虽然具有神无限的能力与权柄,但祂善待恶人,体恤所有的人,常以宽恕和仁爱待人。因为耶稣如此用美妙真理之光照亮世界,便形容为"充充满满地有恩典,有真理"。

恩典和真理都是由耶稣基督来的

> 约翰为祂作见证,喊着说:"这就是我曾说,'那在我以后来的,反成了在我以前的,因他本来在我以前。'"从祂丰满的恩典里,我们都领受了,而且恩上加恩。律法本是藉着摩西传的,恩典和真理都是由耶稣基督来的。从来没有人看见神,只有在父怀里的独生子将祂表明出来。(1章15-18节)

:: 伯利恒全景

"犹大地的伯利恒啊,你在犹大诸城中并不是最小的,因为将来有一位君王要从你那里出来,牧养我以色列民。"（太 2;6）

迦拿

加利利湖

拿撒勒

③
12岁时上耶路撒冷守逾越节
（路2；40-50）

撒玛利亚

约旦河

地中海

耶路撒冷

伯利恒

死海

加沙

②回到拿撒勒（太2；23）

①降生后避难到埃及（太2；13-15）

犹大

埃及

:: 耶稣的降生与成长经历

降世为人的神子

13

"约翰"这个名字包含着"耶和华所爱的人"之意。他清楚知道自己是奉神差遣作耶稣见证的，便宣告耶稣是在他以前的，是从亘古以前就与神同在的圣者。他虽然孤身一人在旷野生活，但心里充满了对天国的盼望和神的恩典，加上见证本为生命和光的耶稣，神的恩典就更加充满于心。他说"恩上加恩"是在描述自己这种充满感恩与喜乐的心境。

　　正如施洗的约翰所作的见证，凡相信耶稣为神子，并且悔改归主的人，都会心里充满对天国的盼望，以及感恩与喜乐，因为耶稣医治有病的人，成为悲伤、困苦之人的安慰和盼望；注定灭亡之人的拯救，并且赐人救恩与永生的福分。耶稣基督虽披戴血肉之身，但与神原为一，故此惟独祂能彰显如此的恩典与真理。

　　律法是神所掌管的灵界法则中的一部分，记录着我们在地上的生活中所必须的准则，其里面包含着神的心、灵界的次序、祝福与咒诅、罪和死亡、审判与救恩等耕作人类所必需的一切法则。希伯来语叫"托拉"的律法共有613个条例，是耶稣降世以前，神透过摩西赐予以色列百姓的。因此说"律法本是藉着摩西传的，恩典和真理都是由耶稣基督来的"。

　　我们传福音的时候，会偶尔碰到声称"给我看见神，我就信"的人。然而，神不会因人想看见祂，就给人显现。因为因着人类的始祖——亚当犯了不顺从的罪，全人类都沦为罪人，罪人见到神就会死（出埃及记19章21节）。于是，道，也就是神成为肉身，以耶稣的名，来到这世界，叫人借着神的独生爱子耶稣得以看见神。只要相信这位耶稣，并且遵行神的旨意，我们就必得见神，而且无论求什么，都能从神得着。

施洗约翰的见证

公元前433年，玛垃基先知以后，以色列的历史进入了属灵的黑暗期。直到过了四百年，没有一个先知出来宣讲神的道。在罗马帝国的殖民统治中呻吟的以色列，打破长达四百年的沉默，终于出现了一位先知，他就是施洗的约翰。

旷野呼声

约翰所作的见证记在下面：犹太人从耶路撒冷差祭司和利未人到约翰那里，问他说："你是谁？"他就明说，并不隐瞒；明说："我不是基督。"他们又问他说："这样，你是谁呢？是以利亚吗？"他说："我不是。""是那先知吗？"他回答说："不是。"于是他们说："你到底是谁？叫我们好回复差我们来的人。你自己说，你是谁？"他说："我就是那在旷野有人声喊着说：修直主的道路，正如先知以赛亚所说的。"（1章19-23节）

马太福音3章记载，施洗的约翰在犹太的旷野传道，说："天国近了，你们应当悔改！"这是向世人宣告救主耶稣、将众人引向主怀抱的呼声。他在约旦河，还给众人施洗，那时，耶路撒冷和犹太全地，并约但河一带地方的人，都出去到约翰那里，承认他们的罪，在约但河里受他的洗（马太福音3章1-6节）。

施洗的约翰渐渐成为人们关注的焦点。在旷野以蝗虫和野蜜为食，呼吁人悔改的约翰的出现，对在信仰的低谷中迷茫困惑的以色列百姓而言，是一道希望之光。久而久之，有关施洗约翰的传闻越来越为人们熟知，犹太人便开始对约翰十分好奇。于是犹太人从耶路撒冷差祭司和利未人到约翰那里询问他的身份。

"你是谁？"

"我不是基督。"

"这样你是谁呢？是以利亚吗？"

"我不是。"

"是那先知吗？"

"不是。"

以利亚是北以色列亚哈王时代的先知。他曾以祷告，使神降火显应，折服850名异教先知，见证耶和华神是独一无二的真神。他因全然成圣，所以不见死亡，活活地升到天上。以利亚的名字长久岁月铭刻在以色列百姓心中，受到敬仰和爱戴。玛拉基书4章5节记载有关以利亚的预言："看哪，耶和华大而可畏之日未到以前，我必差遣先知以利亚到你们那里去。"以色列百姓相信这个预言，一直迫切等候以利亚再来。然而，施洗的约翰断然申明他既不是基督，也不是以利亚。

最终约翰回应他们三番五次的质问，表明自己的身份，说："我就是那在旷野有人声喊着说：'修直主的道路'，正如先知以赛亚所说的。"他分明知道自己的使命就是预备主的道路，便没有做出越分的举动。他时常传道，说："有一位在我以后来的，能力比我更大。"

我是用水施洗

那些人是法利赛人差来的(或作"那差来的是法利赛人")。他们就问他说："你既不是基督，不是以利亚，也不是那先知，为什么施洗呢？"约翰回答说："我是用水施洗，但有一位站在你们中间，是你们不认识的，就是那在我以后来的，我给他解鞋带也不配。"这是在约但河外伯大尼(有古卷作"伯大巴喇")，约翰施洗的地方作的见证。

（1章24-28节）

祭司和利未人对百姓到那个既不是以利亚，也不是先知的平凡的人那里受洗而感到不解，便追问："为什么施洗？"那么，施洗的约翰用水施洗的原因是什么呢？就是为了宣传那将要来的弥赛亚。

"水"的灵意是赐人永恒之生命的永生水，即神的道。水能洗去污秽，照样，神的道能洗净罪污。施洗的约翰为了使人们首先悔改自己的罪，以至相信并接待以救主的身份而来的神子耶稣，便象征性地用水施洗。

当时，施洗的约翰在律法和真理里面言行端正，为人师表，得到众人的喜爱和尊敬。当时许多人信他是先知，并且追随他。尽管如此，他彻底降卑自己而高举弥赛亚，说："我给祂解鞋带也不配。"这充分显明他是一个极其谦卑的人，且又相对反映出耶稣的圣洁、尊贵。

看哪！神的羔羊

次日，约翰看见耶稣来到他那里，就说："看哪，神的羔羊，除去(或作"背负")世人罪孽的。（1章29节）

次日，耶稣为了见约翰来到约旦河，为的是要在开始传道生涯之前接受洗礼。耶稣无瑕疵、无玷污，圣洁完全，本不需要受洗，但祂照着次序，接受了洗礼，因为祂为了救赎罪人，披戴肉身，成为受造之物的摸样。这个洗礼是祂舍己牺牲的洗礼，是为了救赎无数的灵魂，预备承受十字架的苦难而受的。

约翰在看到耶稣的瞬间就被圣灵感动，说："看哪，神的羔羊，除去世人罪孽的。"人生在世，罪孽甚多——腐化堕落，奢华宴乐；勾心斗角，争权夺利；贪恋财富，损人利己……。约翰之所以做这样的告白，是因为他知道耶稣将代替众人的罪，被钉于十字架舍命牺牲。

那么，动物的种类繁多，为何偏偏拿羔羊比作耶稣呢？我们了解羊的属性，便能得知其缘由。羊善于顺从，对牧者的引导百依百顺。被宰杀或剪羊毛的时候也不抵抗。而且不惜自己的毛皮、羊奶、肉等一切来造福于人。

尤其，向神献祭的羊，是以一岁，无残疾的公绵羊羔为标准，其毛色柔软洁白，温驯可爱，跟人比较的话，就是相当于最为俊美的青年时期。而且，一岁的公羊尚未交配，洁净无瑕。耶稣也像羊羔一样完全为我们罪人舍了自己，祂不争竞，不喧嚷，温柔，圣洁，无瑕疵，无玷污。

因为耶稣将来要为罪人作挽回祭，所以神将祂比作羔羊。有的人称小信的初信徒为"羔羊"，然而圣经上称圣徒为"羊"或"神的羊"，并非叫做"羔羊"。因为"羔羊"是单指耶稣基督。

耶稣是神子

这就是我曾说'有一位在我以后来，反成了在我以前的，因祂本来在我以前'。我先前不认识祂，如今我来用水施洗，为要叫祂显明给以色列人。"约翰又作见证说："我曾看见圣灵仿佛鸽子从天降下，住在祂的身上。我先前不认识祂，只是那差我来用水施洗的，对我说：'你看见圣灵降下来，住在谁的身上，谁就是用圣灵施洗的。'我看见了，就证明这是神的儿子。'"（1章30-34节）

耶稣虽然比施洗的约翰出生晚六个月，但从属灵的角度上讲，祂是圣子，从亘古就与神同在的至尊者。施洗的约翰因为明白这个奥秘，便说："有一位在我以后来，反成了在我以前的，因祂本来在我以前。"然后说自己来到这世界的目的，就是要叫耶稣显明给以色列人，也就是说：施洗的约翰用水施洗的目的，就是要为耶稣用圣灵施洗做铺垫。因为当人们理解用水施洗的灵意时，才能理解耶稣用圣灵施洗的意义，所以需要如此的程序。

神曾向约翰启示，说："你看见圣灵降下来，住在谁的身上，谁就是用圣灵施洗的。"果然，耶稣受约翰的洗，随即从水里上来的时候，天忽然为祂开了，神的灵，仿佛鸽子降下，落在祂身上。施洗的约翰看见这一情形，便断定祂就是神的儿子。这就预表着耶稣是最先领受圣灵者，祂又将圣灵分给所有信祂自己的人。

那么，为何说圣灵仿佛鸽子临到耶稣身上呢？鸽子是和平的象征，它是性情温顺，与人类亲近的鸟类。"圣灵仿佛鸽子降在他身上"，并不是说耶稣身上真的有鸽子落下来，乃是形容圣灵就像耶稣的品性那样，温柔地临到耶稣身上。圣灵对性情如火的人，作工比较强烈；对品性温柔的人则以温柔的方式作工。神给施洗的约翰打开灵眼，他便看到了肉眼看不到的圣灵降临的场面，便证明耶稣就是神的儿子。

追随耶稣的人们

当奉神差遣的施洗的约翰，见到苦等已久的耶稣显于眼前时，心中充满了感激之情。他听到耶稣要受他的洗，觉得过意不去，便拦住祂，说："我当受你的洗，你反倒上我这里来吗？"（马太福音3章13-15节）。

"你暂且许我，因为我们理当这样尽诸般的义。"

耶稣的声音平静而温和，但很决然，使他不能再犹豫，因为这一切尽在神的旨意当中。

施洗约翰的门徒

再次日，约翰同两个门徒站在那里。他见耶稣行走，就说："看哪，这是神的羔羊！"两个门徒听见他的话，就跟从了耶稣。耶稣转过身来，看见他们跟着，就问他们说："你们要什么？"他们说："拉比（"拉比"翻出来就是"夫子"）在哪里住？"耶稣说："你们来看。"他们就去看祂在哪里住。这一天便与祂同住，那时约有申正了。（1章35-39节）

这是施洗的约翰给耶稣施洗的次日所发生的事。施洗的约翰希望自己心爱的门徒都跟从神子耶稣。他再次对身边的两名门徒表明耶稣的身份，说"看哪，这是神的羔羊！"

两个门徒听见他的话，随即跟从了耶稣。耶稣就问他们："你们要什么？"耶稣这样问，并不是因为不知道他们要的是什么，乃是为了成全他们所求的，给他们一个祈求的机会，因为照着灵界的法则，他们祈求，才能给他们成就（马太福音7章7节）。

"你们要什么？"

"拉比，在哪里住？"

"拉比"是希伯来语，是指犹太教的精通经典律法的学者，包含着"我的师傅"、"我的主人"的意思，是对值得尊敬的人物或博学之人的称呼。耶稣又对这两位称祂自己为拉比的门徒说了一句：

"你们来看！"

他们就去看祂在哪里住。这一天便与祂同住，他们谈论属灵的事，津津乐道，被主的道深深吸引。

安得烈和西门彼得

听见约翰的话跟从耶稣的那两个人，一个是西门彼得的兄弟安得烈。他先找着自己的哥哥西门，对他说："我们遇见弥赛亚了（"弥赛亚"翻出来就是"基督"）。"于是领他去见耶稣。耶稣看着他说："你是约翰的儿子西门（"约翰"马太16章17节称"约拿"），你要称为矶法（"矶法"翻出来就是"彼得"）。"（1章40-42节）

跟从耶稣的施洗约翰的两个门徒中一个是西门彼得的兄弟，名叫安得烈。他在与耶稣交谈的过程中发现了一个惊人的事实——耶稣就是那圣经上所预言将要来的弥赛亚。安得烈无法抑制激动的心情，便立刻去找兄弟西门，告诉这一喜讯：

"我们遇见弥赛亚了！"

安得烈面红耳赤，看似很兴奋，口气激昂地对西门说自己见到了弥赛亚。此时，西门做出怎样的反应？乍一想，也许会觉得荒唐无稽。但西门一听安得烈遇见了以色列百姓迫切等待的弥赛亚，即基督，便立刻跟着安得烈去见耶稣。

"你是约翰的儿子西门，你要称为矶法（彼得）。"

虽是初次见面，但耶稣对他的身世了如指掌，甚至看透他的内心，也预知他将来如何被神重用。西门从主领受了新名——"矶法"，即彼得（彼得是磐石的意思），后来成为耶稣的首徒、如磐石般的工人，为初代教会的建立和发展做出了极大的贡献。

据其他福音书里的记载：彼得和安得烈是在加利利海边捕鱼的时候被耶稣呼召为门徒的（马太福音4章18、19节；马可福音1章16-18节），这似乎跟约翰福音里的记载有所差异。其实不然，因为约翰福音所记载的是彼得和安得烈在蒙召为门徒之前与耶稣初次见面的情形。

腓力和拿但业

> 又次日，耶稣想要往加利利去，遇见腓力，就对他说："来跟从我吧！"这腓力是伯赛大人，和安得烈、彼得同城。腓力找着拿但业，对他说："摩西在律法上所写的和众先知所记的那一位，我们遇见了，就是约瑟的儿子拿撒勒人耶稣。"拿但业对他说："拿撒勒还能出什么好的吗？"腓力说："你来看。"（1章43-46节）

耶稣在遇见安得烈和彼得之后，次日，正想要往加利利去的当儿，遇见了腓力，就对他说："来跟从我吧！"

腓力跟彼得是同乡，是伯赛大人，蒙召为耶稣的门徒。他也像安得烈一样，不一会儿就认出耶稣是弥赛亚，便去找拿但业传此喜讯。他因尚未深入了解耶稣，便介绍耶稣说，是"约瑟的儿子拿撒勒人耶稣。"

"摩西在律法上所写的和众先知所记的那一位，我们遇见了，就是约瑟的儿子拿撒勒人耶稣。"

"拿撒勒还能出什么好的吗？"

拿但业一听腓力的话，觉得难以置信，他想："一个普普通通的小村庄怎能出伟大的弥赛亚？"在拿但业想象中的弥赛亚是：为人类赎罪的圣洁、良善的神子，是人类不敢抬头仰望的至尊者。然而，腓力说的弥赛亚是一个平凡的木匠的儿子，拿但业只能感到诧异。

腓力这人很聪明，并没有对拿但业的质疑，枉费口舌，只是劝他说，你不信，可以去亲眼看看。拿但业虽然难以相信，但因心地善良，没有轻慢朋友的话，就跟着他去见耶稣。

> 耶稣看见拿但业来，就指着他说："看哪，这是个真以色列人，他心里是没有诡诈的。"拿但业对耶稣说："你从哪里知道我呢？"耶稣回答说："腓力还没有招呼你，你在无花果树底下，我就看见你了。"（1章47-48节）

耶稣看见经腓力的传道前来见自己的拿但业，就称赞他说："看哪，这是个真以色列人，他心里是没有诡诈的。"耶稣不仅看透拿但业的内心，也知道他一直以来凭着信心，恒心遵行神道的人生经历。那么，耶稣为何称他为"真以色列人"呢？

神将雅各立为以色列的先祖，并且希望获得良善而诚实的百姓，但这些百姓时常远离神，拜偶像。于是神遍地寻求诚然信神，并顺从神的"真以色列人"，现在这个人即拿但业来到耶稣面前。

尽管是初次见面，耶稣却清楚了解拿但业的为人，并予以称赞，拿但业感到吃惊，便问："你从哪里知道我呢？"耶稣回答说："腓力还没有招呼你，你在无花果树底下，我就看见你了。""此人从未见过我，怎能了解我如此之深！"拿但业越想越稀奇。他因为心地善良，所以没有怀疑耶稣提前打听过他的事没有，反而立刻敞开心扉，领受了真理。

拿但业的属灵的告白

> 拿但业说："拉比，你是神的儿子，你是以色列的王。"耶稣对他说："因为我说在无花果树底下看见你，你就信吗？你将要看见比这更大的事。"又说："我实实在在地告诉你们，你们将要看见天开了，神的使者上去下来在人子身上。"（1章49-51节）

拿但业与耶稣见面交谈几句之后，发出惊人的告白："拉比，你是神的儿子，你是以色列的王。"耶稣对他说："因为我说在无花果树底下看见你，你就信吗？你将要看见比这更大的事。"

听了拿但业的属灵告白之后，耶稣还把将来的事告诉他。拿但业与耶稣十二门徒之一的巴多罗买是同一个人物，后来他跟随耶稣，目睹经历了许多奇事和神迹。他看见耶稣医治百姓各样病症；叫死了四天，已经发臭的拉撒路复活，以及耶稣被钉十字架而死，埋葬，第三天从死里复活的情形。

耶稣又对他说了一句惊人的祝福之言："我实实在在地告诉你们，你们将要看见天开了，神的使者上去下来在人子身上。"

这是对拿但业的"拉比，你是神的儿子，你是以色列的王。"这一告白的肯定。耶稣并没有直接了当地说"你说的对"，而是委婉地对拿但业的告白予以肯定，并间接地承认自己是弥撒亚，因为祂的时候还没有到。耶稣如果提早显明一切，就会受到仇敌魔鬼的搅扰，从而无法成就拯救人类的计划。就这样耶稣看透人的内心，看穿人的未来，预知将来要成就的事，完全照着神的旨意而行。

第二章

耶稣行第一件神迹

1.迦拿的婚宴 (2:1-12)

2.不要将我父的殿当作买卖的地方 (2:13-25)

迦拿的婚宴

耶稣在成长过程中，一直为担当救主的使命做准备，并等候自己的时候。到了30岁，祂身为拯救全人类的弥赛亚，正式步入传道生涯。

耶稣出席迦拿地方的婚宴，彰显以水变酒（葡萄酒）的神迹，以此拉开祂传道生涯的序幕。有人单纯地以为耶稣以水变酒是为祝福世人的婚姻。其实，耶稣所彰显的这第一件神迹中包含着非常重要的意义。耶稣出席世上的婚宴、以水变酒、在此过程中与马利亚的每一句对话、每一个细节，无不包含深远的属灵意义。

应邀参加婚宴的耶稣

> 第三日,在加利利的迦拿有娶亲的筵席,耶稣的母亲在那里。耶稣和祂的门徒也被请去赴席。酒用尽了,耶稣的母亲对祂说:"他们没有酒了。"耶稣说:"母亲(原文作"妇人"),我与你有什么相干?我的时候还没有到。"(2章1-4节)

迦拿是一个小镇,距离拿撒勒并不远。这天不仅马利亚,耶稣和门徒们也应邀出席在当地举行的一场婚宴。

路加福音17章27节说:"那时候的人又吃又喝,又娶又嫁,到挪亚进方舟的那日,洪水就来,把他们全都灭了。"还有在30节说:"人子显现的日子也要这样。"就是以"又吃又喝,又娶又嫁"来形容到了末时,世界上将充满罪恶。

"加利利的迦拿"灵意是指这个世界,"迦拿的婚宴"则代表末时吃喝玩乐,恶贯满盈的状貌。幽暗世界的主宰——仇敌魔鬼,用浑身解数来引诱人随从罪恶的本性,沉醉于世俗的宴乐。

既然如此,耶稣何必出席世俗的婚宴呢?耶稣出席婚宴决不是为了享受世俗的宴乐。祂来到这世界的目的单单是为了彰显神的荣耀,拯救许多失丧灵魂。这样的祂怎能将享乐作为祂传道圣工的开端?耶稣出席婚宴所表明的意义是:圣洁无罪的神子为了拯救罪人,进入恶贯满盈的这个世界。

当婚礼喜宴进入高潮之时，酒用尽了，东道主陷入了尴尬的境地。马利亚见状心情焦急，便将此事告诉耶稣。她与耶稣一起生活了30年，清楚知道耶稣是大能者，在祂没有难成的事。耶稣听了马利亚的话，却说出非常意外的话："妇人（以原文为准），我与你有什么相干？我的时候还没有到。"

耶稣为何称马利亚为"妇人"？

因为耶稣是创造万有的神，便不能称一个被造的人为母亲。当然，30年来耶稣遵照诚命和做人的道理，诚然服侍自己肉体的父母，但自从进入传道生涯之后，祂要单单以神子的身份开展圣工。为了表明这一点，耶稣在宴席上当着门徒们的面，称马利亚为"妇人"。

而且，耶稣说"我与你有什么相干？"是表示人们吃喝享乐与祂毫不相干。

那么，"我的时候还没有到"是什么意思呢？

这里的"时候"是指属灵的时候，是指耶稣代替我们的罪，被钉于木十字架，成就救赎计划的时候。马利亚告诉耶稣酒用尽的现实的状况，耶稣则以属灵的话来回应。

六个石缸的属灵意义

> 祂母亲对用人说："祂告诉你们什么，你们就作什么。"照
> 犹太人洁净的规矩，有六口石缸摆在那里，每口可以盛两

三桶水。耶稣对用人说："把缸倒满了水。"他们就倒满了，直到缸口。（2章5-7节）

马利亚吩咐用人，要照耶稣说的去做。乍一看马利亚此举好像与耶稣所说的"我的时候还没有到"这句话背道而驰，可是马利亚不可能轻慢耶稣的话，就擅自指示用人。耶稣带着属灵的意义表示祂与世俗的邪荡毫不相干，但马利亚因相信耶稣会为这陷入困境的东道主有所作为，便对用人说了这番话。

照犹太人洁净的规矩，有六口石缸摆在那里，每口可以盛两三桶水。此缸乃为石缸，之所以如此具体描述缸的材质，是因为其中包含着灵意。石头，即为磐石，磐石乃是象征坚定不移，即代表神不变的约言。"有六口石缸"意味着神耕作人类的六千年历史。总之，"六口石缸"所代表的意义是：神六千年耕作人类的计划和旨意是绝不改变的。

马利亚坚持表现出自己的信心，耶稣便照其信心彰显了神迹。祂吩咐用人把六口缸倒满了水。圣经记载："他们就倒满了，直到缸口。"水满到缸口，但没到溢出来，这意味着耕作人类的历史将不超过六千年，要充满限定的日期。缸口处略有空间，又是表明神耕作人类的工程结束之后，这地上要发生七年大灾难。

∷迦拿婚宴（奇迹堂内圣画）

∷迦拿奇迹堂

耶稣行第一件神迹

37

以水变酒神迹中蕴含的神的旨意

> 耶稣又说:"现在可以舀出来,送给管筵席的。"他们就送了去。管筵席的尝了那水变的酒,并不知道是哪里来的,只有舀水的用人知道。管筵席的便叫新郎来,对他说:"人都是先摆上好酒,等客喝足了,才摆上次的;你倒把好酒留到如今!"(2章8-10节)

用人把水灌满了六口石缸之后,又照耶稣的吩咐将缸里的水舀出来送给管筵席的,不料那水已经变成了葡萄酒,其味道美妙无比。管筵席的高兴之余叫了新郎来,对他说:"人都是先摆上好酒,等客喝足了,才摆上次的;你倒把好酒留到如今!"

在世上的筵席上,通常先摆上好酒,等客喝足了,味觉迟钝了,就摆上次的。然而,管筵席的一看,这可是与惯例恰恰相反,便感到诧异。

耶稣出席迦拿的婚宴,以水变酒,并不是要叫人醉上加醉,放荡不羁。其实,耶稣所造的酒中不含任何致醉的成分。若想知道神彰显这一神迹的目的,首先要懂得水和葡萄酒的灵意。

这里的"水"意味着道成肉身,降世为人的耶稣基督之身体(约翰福音1章14节);葡萄酒则意味着耶稣赎罪的宝血。使水变成葡萄酒供人饮用,是表明耶稣到了时候将被钉于十字架,流血舍命,凡相信这一事实的人,都能罪得赦免,得到救恩。

管筵席的人是指不信神的世人；将水舀出来送给管筵席的用人，是代表神的仆人和义工。用人清楚了解葡萄酒的来历，但管筵席的却不知道其始末根由。与此同理，主的仆人和义工，清楚了解耶稣流血舍命，为我们赎罪的救恩，便殷勤传扬耶稣基督，并将神生命之道供应给神的群羊和世人。

管筵席的喝了新葡萄酒，就欢喜快乐，同样，因主耶稣宝血的功效，罪得赦免的人，自然心中充满欢喜，因为本来因罪注定灭亡的人承蒙主恩，得以卸下罪的重担，获得救恩与永生。

"水变的葡萄酒美味可口"的灵意是：神的道比蜜甘甜（诗篇19篇10节）。不信神的人，喜欢随从肉体，享受罪中之乐，但其结局就是死亡，所追求的一切都成虚空。然而，神的道甘甜而美妙，是我们生命的渊源，无价的珍宝。

神借着耶稣所行的第一件神迹，显明祂救赎人类的计划和美意，就是使人类因着耶稣的宝血罪得赦免，借着神的道得以洁净，最终进入充满喜乐与感恩的天国。

这是耶稣所行的头一件神迹，是在加利利的迦拿行的，显出祂的荣耀来，祂的门徒就信祂了。（2章11节）

本文说：耶稣的门徒看见这头一件神迹所显的荣耀，就信祂了，这不只是指着此一事件说的，其中包含着将来要彰显的神的旨意。

马太福音12章38-40节中记载这样一个场面：当时有几个文士和法利赛人叫耶稣显个神迹给他们看。直到那时，耶稣依靠神的大能，彰显了使瞎子睁眼、哑巴开口说话等诸多神迹，充分显明了可信的凭据。尽管如此，这些人仍然不肯相信，还叫耶稣显神迹给他们看。

于是，耶稣回答说："一个邪恶、淫乱的世代求看神迹，除了先知约拿的神迹以外，再没有神迹给他们看。约拿三日三夜在大鱼肚腹中，人子也要这样三日三夜在地里头。"在圣经里将大鱼的肚腹叫做"阴间的深处"（约拿书2章2节）。意思是：就像约拿悖逆神的命令，进入阴间的深处一样，耶稣也要彰显一个神迹，便是代替全人类的罪，背负十字架，降在阴间，第三天从死里复活。

因此，"耶稣行了头一件神迹，显出祂的荣耀来，祂的门徒就信祂了。"此话并不是门徒们看见以水变酒的神迹，就立刻信了的意思，乃是预示当耶稣显出约拿的神迹时，也就是说当祂被钉于十字架，受死并彰显复活之荣耀时，门徒们才得以建立真正的信心。照此之言，门徒们经历耶稣的复活之后，才完全理解和相信耶稣在世时所教训他们的一切话。

> 这事以后，耶稣与祂的母亲、弟兄和门徒都下迦百农去，
> 在那里住了不多几日。（2章12节）

耶稣行了头一件神迹之后，与马利亚和门徒一起下迦百农去

了。当时，迦百农位于加利利湖西北边，许多罗马军队驻扎在此地，是罗马殖民政府的行政中心、繁华的商贸都市。耶稣在传道生涯期间在此地做了许多圣工。

祂在此地呼召了彼得、安德烈、雅各和约翰，施以许多真理的教导，并彰显了医治瘫子、使管会堂的睚鲁之女复活、医治患十二年血漏病的妇女等许多神的权能。然而，迦百农的人却不肯领受耶稣的教导。尽管耶稣在那里所彰显的大能比任何地方都多，他们却仍不肯悔改，令耶稣为之深深哀叹（马太福音11章23节）。

迦百农这个城市，在6世纪的时候彻底没落，至今仍是一个空无人烟的废墟。耶稣在那里没住几日，就去了别处，至于这个原因，我们只要查考耶稣的一切行迹便能得到答案——耶稣凡事不照自己的意思去做，祂无论说话，出行，还是停留，一切都照着神的意旨而行。

不要将我父的殿当作买卖的地方

以色列王国在所罗门王的儿子罗波安当政时，分裂成南北朝，而后频频遭到外邦种族的侵略。公元前721年北朝以色列被亚述吞灭，后来南国犹大又亡于巴比伦，耶路撒冷圣殿皆被拆毁夷平，遗民被掳，犹太人四处逃散。

分散各地的犹太人，虽在罗马帝国的压制之下生活，但仍持守他们民族最大节日——逾越节。每逢这节，他们为了向神献祭，就从四面八方汇聚于耶路撒冷。

耶稣洁净圣殿

犹太人的逾越节近了，耶稣就上耶路撒冷去。看见殿里有卖牛、羊、鸽子的，并有兑换银钱的人坐在那里。耶稣就拿绳子作成鞭子，把牛羊都赶出殿去，倒出兑换银钱之人的银钱，推翻他们的桌子。又对卖鸽子的说："把这些东西拿去，不要将我父的殿当作买卖的地方。"祂的门徒就想起经上记着说："我为你的殿心里焦急，如同火烧。"（2章13-17节）

逾越节近了，耶稣照着惯例上了耶路撒冷的圣殿。之所以说"上耶路撒冷去"，是因为耶路撒冷坐落在海拔790米的山地上。耶稣带着门徒们一起到了圣殿，目睹了难以置信的光景。这里乱哄哄的，有卖牛羊鸽子的，有兑换银钱的，吆喝声、讨价还价的嘈杂声和牲畜的鸣叫声乱成一片，圣洁神的殿，已是面目全非。

当时，因路途遥远而无法预备供物的朝圣者，需要在当地购买献祭的牛羊和鸽子等供物；而且人们认为从外地带来的钱币是不洁净的，于是到了地方需要兑换奉献用的钱币，这些商贩就是照着这些需求应运而生，他们完全是出于赚钱牟利的目的在神圣洁的殿里行商。

耶稣见此情景，心急如焚，就拿绳子作成鞭子，把牛羊都赶出殿去，倒出兑换银钱之人的银钱，推翻他们的桌子。又对卖鸽子的严厉地训斥道："把这些东西拿去！不要将我父的殿当作买卖的地方。"

圣经上指着耶稣温柔的品性说："祂不争竞，不喧嚷，街上也没有人听见祂的声音。"（马太福音12章19节）。那么，耶稣如此激怒的原因是什么？这并不是因祂心里有恶怒，而是因为祂无法容忍比任何地方都要圣洁而高贵的父神的殿，被那些贪图利润的商贩所糟蹋毁坏。从中可以窥见耶稣对圣殿的热爱。

或许有人想：他们是拿献于神的供物进行交易，这应该可以容许。但他们显然是为了谋取私利而进行交易，这明明是羞辱神的荣耀。圣殿是人们用心灵和诚实拜神的地方，是万民祷告赞美的殿，圣徒之间的金钱交易，在这里是被严禁的。

如今也是如此，教会里面圣徒之间的买卖行为，无论出于任何名义，都是不能容忍的。或许有人问："教会书店里卖书不是买卖行为吗？"教会经营书店，不在于盈利的目的，故不是商业行为。所出售的物品包括圣经、赞美诗歌、属灵书籍等都是圣徒们信仰生活所需的物品，其利润全部用于救济、宣教等神国的事宜。除了这种情况以外，教会应当杜绝一切贪图个人利益的买卖行为。

凡奉主名聚会的地方，都要谨防世俗风气的蔓延，为此一定要凡事按真理而行。如果动用人意，纵容世俗的风气，就会像一点面酵使全团发起来一样，使整个会众都被世俗的污秽所沾染，招致试探和熬炼。神虽有丰富的慈爱的怜恤，但祂绝不容忍玷污祂的圣殿、羞辱祂名的行为。

看到耶稣激怒的场面，祂的门徒就醒悟"我为你的殿心里焦急，如同火烧。"这段诗篇69篇9节的经文的含义。法利赛人、文士和律法师口称爱神，殷勤读经，遵守律法，并且也聚在圣殿向神献祭，祷告祈求。可他们却未能领悟神的旨意。他们表面上装作圣洁，但里面却充满了罪恶和不义，便未能意识到圣殿里的买卖行为是违背神旨意的行为。

这样看来，有形的圣殿是重要，但我们无形的心灵圣殿是更为重要的。神不看人的外貌，而看人的内心。哥林多前书3章16-17节说："岂不知你们是神的殿，神的灵住在你们里头吗？若有人毁坏神的殿，神必要毁坏那人，因为神的殿是圣的，这殿就是你们。"

我们心灵圣殿是圣灵的居所，因此我们每天要遵行神的话语，离弃罪恶，成就圣洁的心，这样才能正确领悟神的旨意，走正道，行义路。

"你们拆毁这殿，我三日内要再建立起来"

因此犹太人问他说："你既作这些事，还显什么神迹给我们看呢？"耶稣回答说："你们拆毁这殿，我三日内要再建立起来。"犹太人便说："这殿是四十六年才造成的，你三日内就再建立起来吗？"但耶稣这话，是以他的身体为殿。所以到他从死里复活以后，门徒就想起他说过这话，便信了圣经和耶稣所说的。（2章18-22节）

在圣殿里做买卖的人，以及祭司、文士和法利赛人，看到耶稣推翻他们的桌子，便感到十分惊讶。此人到底凭什么资格推翻连祭司、文士也都允许的事。他们越想越感到离奇，便问祂说："你既作这些事，还显什么神迹给我们看呢？"意思是你既然有行这事的权柄和能力，就显神迹给我们看。耶稣回答说："你们拆毁这殿，我三日内要再建立起来。"

犹太人听罢就嘲笑祂。耶路撒冷圣殿的建造史，像以色列民族苦难的历史那样，充满着坎坷和艰辛。第一圣殿建于所罗门王时代，后期遭巴比伦国王尼布甲尼撒的侵略，圣殿被捣毁。之后，所罗巴伯带领第一批被掳到巴比伦的犹太人回归，率众重建圣殿，历时20年。这第二圣殿又一次遭到外侵而毁坏，后来希律王为了得到百姓的支持，历经46年重建了第三个圣殿。

如上所述，建堂并非易事，是一项耗资、耗时、耗人力的大型工程。可是耶稣指着这不是一两年，乃是46年才建成的圣殿说："你们拆毁这殿，我三日内要再建立起来。"犹太人听起来觉得很荒诞，这又成为后来犹太人捉拿耶稣时所利用的把柄（马太福音26章61节）。而且，当耶稣为了成就神的旨意，被钉在十字架上时，这话又成为人们嘲弄祂的话柄——"你这拆毁圣殿，三日又建造起来的，可以救自己吧！你如果是神的儿子，就从十字架上下来吧！"（马太福音27章40节；马可福音15章29节-30节）

耶稣说"三日内建立圣殿"之意是"我是圣殿的主人"，并且包含着"神的殿——耶稣将被钉死在十字架上，埋葬，第三天从死里复活"的属灵意义。

那时，如果耶稣说"我是圣殿的主人，是创造主的儿子"会如何呢？他们势必非常愤恨，纠问不休——"你凭什么说你是圣殿的主人？"而且，祂若直接了当地说"你们将要恨我，并且把我钉死在十字架上，但我会第三天从死人中复活。"他们就会更加恼羞成怒。于是，耶稣间接而含蓄地说"三日内重建圣殿"。

　　属肉体的人不理解属灵的话。门徒们也是在耶稣被钉十字架死而复活之后，才确实相信耶稣是救主。他们五旬节在马可楼领受圣灵之后，变成了福音的使者，不以性命为念，作耶稣基督的见证。如此，人只有体验属灵的事，领受所赐的圣灵，才能领悟神的话语，信心得以成长。

　　　当耶稣在耶路撒冷过逾越节的时候，有许多人看见祂所行
　　　的神迹，就信了祂的名。耶稣却不将自己交托他们，因为祂
　　　知道万人；也用不着谁见证人怎样，因祂知道人心里所存
　　　的。（2章23-25节）

　　因为人看不见神迹奇事总是不信，所以耶稣彰显医治疾病，叫死人复活等各种大能。因此，许多人拥戴祂，并愿意接待服侍祂，但耶稣不肯依靠他们，因为祂清楚知道人心里所存的。他们所看重的是耶稣的能力，而不是耶稣。

　　假如耶稣不再有神迹随着，他们的心就会变了。所以，按着情况而变的不是真实的爱。不过，耶稣遇见打内心里爱祂的人，就乐

意将自己交托他们。伯大尼的马利亚和马大的家庭是代表性的例子。因为她们真心爱耶稣，所以当耶稣路过那地方的时候，总是访问她们家庭（路加福音10章38节）。

耶稣参透万人之心，知道人心里充满着嫉妒、凶杀、奸淫、虚谎等罪恶。无瑕疵、无玷污、信实公义的耶稣用不着谁见证人怎样。

第三章
重生的奥秘

耶稣与尼哥底母的对话

当耶稣在耶路撒冷过逾越节的时候，洁净了神的殿，医治了许多病人，传讲了人们闻所未闻的生命之道。有许多人看见祂所行的神迹，就信了祂的名，其中有一个名叫尼哥底母的人，他是犹太人的官、法利赛派公会（Sanhedrin）的议员。

耶稣时代的犹太教有三大流派，那就是法利赛派、撒督该派和爱色尼派。其中法利赛派是以严谨遵守律法为信条，相信死人复活，在百姓中具有极大的影响力；撒督该派则反对严谨的律法主义，否认复活与永生、天使与灵，是现实主义教派；还有爱色尼派追求神人之间的完美合一，共有资产，过与世隔绝的禁欲生活。

夜里来见耶稣的尼哥底母

有一个法利赛人，名叫尼哥底母，是犹太人的官。这人夜里来见耶稣，说："拉比，我们知道你是由神那里来作师傅的；因为你所行的神迹，若没有神同在，无人能行。"（3章1-2节）

尼哥底母所属的公会是以包括大祭司在内的71名议员所组成的立法议会和最高法庭。公会之所以能发挥如此的功用，是因为当时以色列虽然隶属于罗马，但享有犹太人自治权。

尼哥底母是具有影响力的上层人士，他觉得耶稣这个人与众不同。自己也与耶稣一样，是教导人的师傅，但觉得耶稣的教导满有权柄，有股神秘的力量。尼哥底母想：祂能医治病人，叫瘫子行走，除非神同在，无人能行这样的事。于是他就断定耶稣是神所差来的人。

这天，尼哥底母在夜里来见耶稣。当时法利赛人、撒督该人等领导阶层对耶稣随意加以论断定罪，污蔑祂"附鬼了"，"附了鬼王别西卜"，因为许多百姓跟随耶稣，所以他们就感到一种危机感，觉得自己的地位受到威胁。

然而，尼哥底母跟他们不同，他常常感到对真理的饥渴，虽然彻底遵守律法，但总是心里感到空虚。不知从哪一天起，他觉得耶稣这位神人，一定能解他灵里的饥渴。他虽然避开人们的视线，在夜里来见耶稣，但他认定耶稣是一位良善的夫子，并愿意更深入地了解祂。

看到或听到神的权能之后，反应因人而异。有的人看到超乎人能力的权能的作为，就一同欢喜，敞开心门；有的人干脆就不肯听也不肯看，矢口否认；也有的恶人吹毛求疵，极力寻找亵渎的把柄。这就是人心存善或恶的差异。

尼哥底母是位高权重，受人尊敬的官长，但他在耶稣面前降卑自己，尊耶稣为拉比，并说耶稣是"由神那里来作师傅的"。因为耶稣所行的神迹是无人能行的，尼哥底母便带着敬重的意味说了这一告白。

重生的意义

> 耶稣回答说："我实实在在地告诉你：人若不重生，就不能见神的国。"尼哥底母说："人已经老了，如何能重生呢？岂能再进母腹生出来吗？"（3章3-4节）

耶稣默然听完尼哥底母的告白，就对他说了意外的话："我实实在在地告诉你：人若不重生，就不能见神的国。"耶稣对尼哥底母的告白，没有予以正面肯定，而是说了如此难以理解的话。

在遇见拿但业之前，耶稣早已看透他的内心，对尼哥底母也是如此。耶稣知道尼哥底母说的这个告白，不是出于他相信耶稣是基督，是神的儿子，而只是因为心地善良，看见耶稣所行的神迹，就相信耶稣是神人。他这样的意念不是来自属灵的悟性。因此，耶稣并没有对他说是，或不是，而提醒他"只有重生才能进神的国"这一属灵的奥秘。

"重生"指的是什么呢？

一个平时名声不好的人，因什么契机而变成老实人，就称他"变成新人了"，或"获得了新生"。然而，耶稣所指的重生，不是这种属肉的重生。属灵意义上的重生是指本来活在非真理中的人，听了神的道，就心意更新而变化，转而活在真理里面。说谎的人变成诚实的人；充满恼怒和仇恨的人变成温柔而有爱的人。

偶尔可以看到身患绝症的人信神之后病得医治，便心里感恩，心意有所转变。但这还不是真正意义上的重生。若想获得属灵的重生，必须要依靠圣灵的帮助。只有领受圣灵，才能明白并遵行神的旨意，获得属灵的重生，拥有永恒的生命。

尼哥底母实在难以理解重生的含义，只好反问耶稣，说："人已经老了，如何能重生呢？岂能再进母腹生出来吗？"

胎儿在母腹中需要经过十个月的成长发育过程，才能问世。人出生一次，就不能再进母腹，这是尽人皆知的常识。尼哥底母虽然身为精通于律法的师傅，却因不明白属灵的道理，便冒出这样可笑的提问。

从水和圣灵重生

耶稣说："我实实在在地告诉你：人若不是从水和圣灵生的，就不能进神的国。（3章5节）

"人要重生"，已经够费解的了，可耶稣这下又说"从水和圣灵重生"，尼哥底母更是摸不着头脑。"水"能解渴，又对五脏六腑以及所有器官的运转起到"润滑油"的作用。水能维持生命，洗去污秽。因此，"从水重生"的灵意是：用神的道，洗净我们心里的丑陋而污秽的罪恶。

有水不喝，不解干渴；有水不洗，不得洁净，同样，永生水——神的道，人知道而不行，便是枉然。照着神的吩咐，"不可做"的不做，该离弃的离弃，即离弃仇恨、猜忌、嫉妒、论断、定罪等非真理的心，心里自然就变得清净洁白。同时该做的做，该守的守，爱人，服侍人，求别人的益处等，心里不断填充真理，便能成为心里充满真理的人。就是这样顺从神的道，离弃非真理，变成真理的人，便是从水重生。

那么，从圣灵重生是什么意思呢？

人类的始祖亚当，本来具有灵、魂、肉（帖撒罗尼迦前书5章23节），但自从偷吃神的禁果，犯了不顺从的罪之后，灵死了。从此，人类就沦落成只有魂和肉的，与禽兽没有区别的存在（传道书3章18节）。

然而，我们接待耶稣基督，领受所赐的圣灵，死灵便得以重活，获得作神儿女的权柄，名字记录在天国的生命册上。圣灵住在我们心里，使我们醒悟自己的罪而悔改，且赐予恩典与能力，使我们能够遵行神的话语。

　　若没有圣灵的帮助，我们即使对于神的道懂得再多，也无法照着遵行，而且这道只不过是存留在我们头脑里的知识而已，无法靠着得救。播了种子，当要辛勤栽培和管理，直到收获其果实。

　　若只有道，而没有圣灵，我们就无法胜过世界或仇敌魔鬼、撒但；若有了圣灵，却没有道，我们也无法得洁净。是神的道和圣灵连合，将我们引入天国，因此说："人若不是从水和圣灵生的，就不能进神的国"。

从圣灵生的人

> 从肉身生的，就是肉身；从灵生的，就是灵。我说：'你们必须重生'，你不要以为希奇。风随着意思吹，你听见风的响声，却不晓得从哪里来，往哪里去；凡从圣灵生的，也是如此。（3章6-8节）

　　尼哥底母虽然希奇耶稣说的话，但极力用善意来领受。耶稣因为知道他的心，所以继续与他进行对话。如果他像其他法利赛人或文士那样，存心抓住耶稣的把柄，耶稣就早已结束了对话。

:: 犹太公会（模型）

耶稣又提到有关"肉"与"灵"的内容，这令尼哥底母更觉扑朔迷离。"肉"，按字面上的意义讲，是指人或动物身上的肉或身体。但其灵意是：注定腐朽、变质的、终将消亡的一切事物，是与灵相对的概念。包括注定腐朽的世间万物以及仇恨、嫉妒、奸淫、争竞等与神相对的一切非真理，都属于"肉"。

那么，"从肉身生的就是肉身"是什么意思呢？

为了理解这个内容，首先要了解土的属性。土有一种特性：按照所参和的成分，发生质的变化。土，因为它具有易腐蚀和善变的属性，所以本身就是"肉"。

人是用土所造的，故此人的根本就是"肉"。神起初将人造成"好土"。神将生气吹在亚当的鼻孔里，亚当便成为有灵的活人。亚当虽是个灵，但他不是像神一样的万全的存在。亚当并非起初就是灵，而是当神的生气吹入之后，才成了有灵的活人。亚当因为不完全，所以顺着自由意志，吃了神所禁吃的善恶果。其结果灵死了，还原为属肉的人。

如同易变的土的特性，人类堕落成属肉的存在，仇敌魔鬼、撒但便开始在其心里栽植百般的非真理。以致亚当被逐出伊甸园还没到三代，就发生了令人震惊的兄弟之间的凶杀事件。

亚当的儿子该隐和亚伯向神献祭，神只悦纳亚伯的献祭，因为他的献祭合神的心意。于是，该隐嫉妒填膺，便杀了弟弟亚伯。亚当变成了属肉的人，其后裔也跟着变成属肉的人，随着岁月的流逝，心越来越变恶。他们所思所想，所追求的，都是非真理，都是终究要朽坏、变质的"肉"。这就是"从肉身生的，就是肉身"的含义。

属肉的人不能进入属灵的天国。因此哥林多前书15章50节说："弟兄们，我告诉你们说，血肉之体不能承受神的国，必朽坏的不能承受不朽坏的。"

那么，从灵沦落成"肉"的人，怎样才能进入神的国呢？

就是要从灵生灵，也就是从圣灵生灵。灵和肉是相对的。灵是真理、不朽坏、不变而永恒的。这样的灵，只有靠着圣灵才能生出来。

如前面所解释的，圣灵不仅能叫我们的死灵重生，还不停地助长我们的灵。圣灵叫我们醒悟罪，不停地激发我们的善心。常常提醒我们"不要走灭亡之路；这是罪，这是非真理，这是己义、私意"。当我们得到圣灵的帮助，顺从真理的时候，非真理的心和属肉的心，就会从我们心中脱去。例如：顺着"不要恨人"的教导不断地排除仇恨，便会使得与非真理相对的爱在我们心里生根，发芽，结果，这就是所谓"从灵生的，就是灵"。

尽管耶稣对肉界和灵界进行比较说明，尼哥底母仍是百思不得其解。因为属灵的世界不是靠人世上的知识所能理解的，惟独在圣灵的帮助下才能领会。尼哥底母虽然学识渊博，但对属灵的世界却很无知，便不得理解和明白。于是耶稣这次又用风作比方，以便有助于他理解。

树叶飘动，我们便知道有风吹，但却不知道这风何时，从何处吹来。就像我们难测风向，在属肉的人看来，从圣灵生的人是不可理解的。属肉的人看着从圣灵生的人远离世俗的享乐，过节制的生活，就说："他们活着还有什么乐趣？"不过，从水和圣灵重生的人，因遵行神的话语，所以心中充满神所赐的对天国的盼望和真正的平安与喜乐。

尼哥底母再次提问

> 尼哥底母问祂说："怎能有这事呢？"耶稣回答说："你
> 是以色列人的先生，还不明白这事吗？我实实在在地告诉
> 你：我们所说的，是我们知道的；我们所见证的，是我们见
> 过的；你们却不领受我们的见证。（3章9-11节）

耶稣尽管以风作比方进行说明，可尼哥底母仍旧摸不着头脑，便再度求问耶稣。从中可以窥见他对属灵世界的渴慕之心。

"怎能有这事呢？"

耶稣反问他说："你是以色列人的先生，还不明白这事吗？"这不是在轻蔑或责备他，而是在提醒他身为信神且教导律法的先生不明白属灵奥秘是不应该的。其实尼哥底母拜见耶稣的那个时候，耶稣的传道圣工已经进行了相当长的时间。尼哥底母曾经听过并见过耶稣描述天国的见证，以及所彰显的奇事和神迹，但他还是无法理解耶稣说的话，便继续提问。

当时，许多人虽然看见耶稣所彰显的奇事和神迹，却仍不信。他们不信，不是因为没有对灵界的知识，乃是因心地顽恶。他们因为灵里高傲，且以用律法所打造的自己的知识为至上，所以不仅不信，反而妄加论断定罪。为了让尼哥底母醒悟这些道理，耶稣就对他说："我们所说的，是我们知道的；我们所见证的，是我们见过的；你们却不领受我们的见证。"

耶稣说的"你们"，也包括尼哥底母。因为他也是因灵眼未开的缘故而不领会属灵的道理。尼哥底母因为心里并无恶意，所以最终接待了主，改变了人生。后来他不顾自己的身份，辩护耶稣；还拿了没药和沉香来膏主耶稣钉死后的身体（约翰福音7章51节；19章39、40节）。

我对你们说地上的事，你们尚且不信；若说天上的事，如何能信呢？除了从天降下仍旧在天的人子，没有人升过天。（3章12-13节）

耶稣常用许多比喻来传讲神的道。如：银子的比喻、田地的比喻、葡萄园的比喻等。因为耶稣知道用这世上的语言难以描述属灵的世界，即使描述也无人相信。耶稣尽管用这地上的事物作比方加以解释，尼哥底母尚且不能领悟，何况说天上的事，世上的人如何能信呢？

"从天降下的人子"是指耶稣。人都是通过父母的精子和卵子的结合出生在这世界。然而，耶稣是因圣灵感孕而生，故说祂是从天降下来的。在圣经中可以找到，在耶稣以前，以诺和以利亚活活被提升天的记录。可为何说除了耶稣以外，没有人升过天呢？

以诺和以利亚跟我们一样，也是亚当的后裔，带着原罪出生于世，虽然在生活中没有犯过罪，但心里仍然存留着从父母传承的原罪。既然如此，他们怎能不遇见死亡，活活被接升天呢？他们因为生活在旧约时代，即耶稣降世以前，所以未能得到圣灵的帮助。但他们凭着信心，克服了原罪，即凭信心治理和管理根本的罪性——原罪，便从"罪的工价乃是死"这一灵界的法则中得以自由。可见他们的信心何等之大。

然而，耶稣因为是圣灵感孕而生的，所以生来就没有原罪。祂照着神的旨意，降世为人，为代赎我们的罪，死而复活。在历来升天者中，惟独祂是无原罪和自犯罪的人，因此说除了耶稣以外，无人升过天。

预告在十字架上受难

摩西在旷野怎样举蛇，人子也必照样被举起来，叫一切信祂的都得永生（或作"叫一切信的人在祂里面得永生"）。（3章14-15节）

耶稣再次以出埃及的以色列百姓作比方，点醒尼哥底母。跟着摩西出埃及的以色列百姓，亲眼目睹了神的权能。他们亲身体验降在埃及的十灾，以及红海分开、玛拉的苦水变成甜水等惊人的神迹。尽管如此，他们每当遇到困难的时候，就把神的恩典忘得一干二净，拿不出信心，向神发怨言。

他们虽因着神恩，从400多年的为奴生活中得以解放，却忘恩负义，抱怨神使他们死在旷野，甚至说吗哪是"淡薄的食物"，轻蔑神的恩典（民数记21章5节）。意思是：与其死在旷野，不如在埃及作奴仆，死在埃及地。于是神向他们掩面，就有火蛇进入百姓中间咬他们，死了许多人，他们这才认罪悔改。

摩西为百姓祷告，神就告诉他一个免灾的方法——"你制造一条火蛇，挂在杆子上，凡被咬的，一望这蛇，就必得活。"顺从摩西的话，仰望火蛇，是一个轻而易举的动作，然而，神也愿意将这微不足道的行为认定为信心，给犯罪的百姓开了一条出路。

"蛇"在灵意上指的是仇敌魔鬼、撒但，且意味着死亡。它是引诱夏娃，将人类推向死亡的罪魁祸首，是罪的化身。既然如此，为何叫人将象征罪和死亡的蛇，挂在杆子上呢？

这预表着将来透过被挂在十字架上的耶稣，成就救赎的旨意。耶稣代替人类的罪，被挂在十字架上，因此将象征罪和死亡的蛇挂在杆子上。就像凡望蛇的人都得以活命一样，凡相信十字架的救赎事件的人，都能走进永生之路。

偶尔有人问："摩西制造火蛇，叫人仰望那塑像，不是拜偶像吗？"如果不明白圣经中包含的灵意和神的旨意，就会产生如此的误解。这个事件是在暗示神救赎的旨意——凡接待被钉于十字架，为我们赎罪的耶稣的人，都能进入永生之路，而非将火蛇作为偶像来崇拜。

差遣独生爱子的神的慈爱

神爱世人，甚至将他的独生子赐给他们，叫一切信他的，不至灭亡，反得永生。因为神差他的儿子降世，不是要定世人的罪(或作"审判世人"。下同)，乃是要叫世人因祂得救。（3章16-17节）

为了获得分享爱的真儿女，神立定了耕作人类的计划，并在创造人类以先，创造了人类赖以生存的自然万物。就像父母在孩子出生之前做好预备一样，神为人类创造万物的时候，也甚是欢欣喜悦。祂爱我们人类为至宝，照样也爱祂所造的人类赖以生存的万物。到了时候，神又为因罪注定灭亡的人类，差遣独生爱子耶稣作挽回祭，彰显了至高无上的大爱。

偶尔有的人误以为神是审判人的神、可怕的神。然而，在17节说："神差他的儿子降世，不是要定世人的罪，乃是要叫世人因他得救。"

信心与永生

信祂的人，不被定罪；不信的人，罪已经定了，因为他不信神独生子的名。光来到世间，世人因自己的行为是恶的，不爱光倒爱黑暗，定他们的罪就是在此。凡作恶的便恨光，

并不来就光，恐怕他的行为受责备；但行真理的必来就
光，要显明他所行的是靠神而行。（3章18-21节）

　　使徒行传4章12节说："除他以外，别无拯救。因为在天下人
间，没有赐下别的名，我们可以靠着得救。"无论是世上受人推崇
的圣贤之士，还是留下丰功伟绩的英雄豪杰，都无法救赎我们。除
耶稣基督以外别无拯救，我们只有信耶稣基督，才能得救。这里所
谓"信"，不是指单纯凭着头脑里的知识而"信"，乃是指活出神
的道，模成主的形像，脱去非真理，变成真理的人。

　　那么，为何说不接待耶稣基督为救主的人，罪已经定了呢？

　　因为除耶稣基督以外别无拯救。他们既不信祂的名，又不活
在真理和光明之中，自然就被定罪。不信耶稣基督的人，若现在死
亡，必不得救而下地狱，因此说他们的罪已经定了。

　　我们传福音的时候，会遇到恨恶信主的人，或把信主的人看
为可怜的人。他们因为爱黑暗胜过光明，且不知道天国的美好，所
以认为信仰生活很枯燥乏味。

　　耶稣看透他们的心思意念，就说："凡作恶的便恨光，并不来
就光，恐怕他的行为受责备。"然而，追求真理的人，即接待主耶
稣，并领受圣灵的人，努力过荣神益人的生活。因为他们知道一切
的问题的解答，以及祝福的秘诀、去天国的道路尽在神的道里面。

从天上来的耶稣

人类逐水而居，河流造就了城市。同样，有永生水，即神道的地方就有饥渴慕义的人聚集。当本为道的耶稣，传扬天国的福音，为众人施洗的时候，就有许多人向他聚集而来，因为神的道在他们口中如蜜甘甜，正如诗篇记录者的告白："你的言语在我上膛何等甘美，在我口中比蜜更甜！"（诗篇119篇103节）

这事以后，耶稣和门徒到了犹太地，在那里居住施洗。约翰在靠近撒冷的哀嫩也施洗，因为那里水多，众人都去受洗。那时约翰还没有下在监里。约翰的门徒和一个犹太人辩论洁净的礼，就来见约翰说："拉比，从前同你在约但河外，你所见证的那位，现在施洗，众人都往他那里去

了。"（3章22-26节）

当耶稣施洗的时候，施洗的约翰也在约旦河西边水多的地方施洗。可是以前找施洗约翰受洗的许多人，都到耶稣那里受洗。约翰的门徒们看此情形，就感到心里不舒服。

一直以来，许多人仰慕施洗的约翰，随从他，还有好多人作他的门徒，并引以为荣，可是现在众人投靠耶稣，门徒们看见，觉得很不顺心，就向约翰汇报情况：

"拉比，从前同你在约但河外，你所见证的那位，现在施洗，众人都往祂那里去了。"

祂必兴旺，我必衰微

> 约翰说："若不是从天上赐的，人就不能得什么。我曾说'我不是基督，是奉差遣在祂前面的'，你们自己可以给我作见证。娶新妇的就是新郎，新郎的朋友站着听见新郎的声音就甚喜乐，故此我这喜乐满足了。祂必兴旺，我必衰微。"（3章27-30节）

门徒以为恩师约翰会体贴他们的心意，但施洗约翰的反应却出乎意料之外。他的意思是：这都是出于神的旨意，人们跟随耶稣是理所当然的。他就这样用真理教导心怀不平的门徒。

我们把这种情形跟如今的信仰生活做一下对照：比如说一个教会有些渴慕神的道、迫切寻求神恩的圣徒们。教会的领袖若因恐怕圣徒们嫌弃自己的教会，而投奔别的教会，就对别的教会或牧会者进行诽谤，那么此人的心比起施洗约翰的心相距甚远。而且，当有人说别人的坏话，背后议论别人时，竖起耳朵去倾听的人，也是跟施洗约翰的门徒没什么两样。当听到诽谤他人之言时，我们不应该同流合污，而应当用真理去点醒那人，驱逐黑暗势力。

施洗的约翰因为清楚明白神的旨意，便再次向门徒申明自己的地位，并告诉他们的使命是什么。接着为了不让门徒失望，用比喻说明耶稣是谁。新郎是婚礼的主人公，是娶新妇的。过去取新妇的新郎虽然心里欢悦，但不露声色，而新郎的朋友则甚为喜乐，尽情祝贺。

意思是：新郎——耶稣来了，施洗约翰的心情也是如此喜乐。施洗的约翰虽然曾给耶稣施洗，但他深知耶稣就是那要将自己的百姓从罪恶里救出来的救主，是大能者，便乐意高举祂，服侍祂。

通常人们看到别人比自己好，就心里难过。然而，施洗的约翰丝毫不顾自己的利益，只希望耶稣好，甚至极其降卑自己，说："祂必兴旺，我必衰微"。这是一种即使别人比自己得到更高的赞誉和更多的爱戴，也能一同欢喜的心。

从天上来者的见证

> 从天上来的是在万有之上；从地上来的是属乎地，他所说
> 的也是属乎地。从天上来的是在万有之上。祂将所见所
> 闻的见证出来，只是没有人领受祂的见证。那领受祂见证
> 的，就印上印，证明神是真的。（3章31-33节）

施洗的约翰知道耶稣是从天上来的。他说耶稣是在万有之
上，因为他知道耶稣就是创造万有的主，是万王之王，万主之主。
"从地上来的"是指属地的人。那么，我们是属地的还是属天的
呢？我们都是属天的人，因为我们已经因信耶稣基督蒙恩得救，成
为神的儿女，成为天国的子民。

当然，口称信耶稣，但还未领受圣灵的人，仍算是属肉的人、
属地的人。属地的人即使听了神的道，也无法相信。耶稣时代也是
如此。耶稣虽将在天上所见所闻的事讲给人听，人却不肯相信，反
倒逼迫耶稣，并污蔑祂是被鬼附了、癫狂了、附了鬼王别西卜，甚
至要杀害祂（马太福音12章24节）。

然而，心地善良的人领受了祂的见证，即耶稣的话语。当我们
打开心门，接待耶稣基督的时候，就能领受所赐的圣灵，得到神儿
女的权柄，而且能称创造主——神为父，得以确信我们的家乡在
天上，并会证明神是真的，顺从祂的话语。

永生和神的震怒

> 神所差来的，就说神的话；因为神赐圣灵给他，是没有限量的。父爱子，已将万有交在祂手里。信子的人有永生；不信子的人得不着永生(原文作"不得见永生")，神的震怒常在他身上。（3章34-36节）

神所差来的耶稣，单单见证神的话语。因为惟有神的道才是真理、真确而永恒的。因为神将圣灵无限量地赐给耶稣，所以耶稣能够在圣灵的感动中传讲神的道。

如今也是如此。"那领受祂见证的，就印上印，证明神是真的。"对这样的人，神就将圣灵无限量地赐给他们。因此，接待耶稣为救主，充满神恩典的人，会在圣灵的感动当中见证神和耶稣基督。

"父爱子，已将万有都交在祂手里。"耶稣是无瑕疵，无玷污的圣者。祂本有神的形像，却取了奴仆的形像，降到这世界，存心顺服神，以至于死。这样的儿子，父当然喜爱祂，便把万有都赐给了祂。

信子的人必会顺从神的话语，遵行真理，因此其里面就有生命，走永生的道路。反之，不信子的人得不着永生，神的震怒常在他身上。当然，信而悔改的人，神的震怒就不在他身上了，因为神必宽恕他的罪过并且爱他。

第四章
耶稣的传道方法

耶稣与撒玛利亚妇人的对话

何时？与谁相逢？有时会成为一个人人生的巨大转折点。我们从约翰福音4章的内容中，可以看到撒玛利亚的妇人自从遇见耶稣以后，其人生发生了巨大的变化。

在犹太人社会，法利赛人或律法师等宗教领袖，对耶稣向群众传教，甚为忌恨。他们不惜一切手段寻找陷害耶稣的机会。正当此时，他们听见耶稣收门徒施洗，比约翰还多的消息。

路过撒玛利亚的耶稣

主知道法利赛人听见祂收门徒施洗比约翰还多(其实不是耶稣亲自施洗，乃是祂的门徒施洗)，祂就离了犹太，又往

加利利去，必须经过撒玛利亚。（4章1-4节）

其实不是耶稣亲自给人施洗，但传闻却不实。虽然施洗的是耶稣的门徒，但仍有许多人为了受洗而涌来。于是法利赛人更加嫉妒耶稣："此人到底是谁，凭什么给人施洗？"耶稣知道此事，便为了避免冲突，就离了犹太，往加利利去。

以耶路撒冷为起点，从犹太到加利利，直道需要经过撒玛利亚人的地方；绕道则需要先渡过约旦河，再北上，路途也比较险峻。可是大多数犹太人宁可绕道而行，也不肯进入撒玛利亚境内。这里有着他们特有的原由。

其实撒玛利亚人寻根究底也是亚伯拉罕的后裔。公元前721年，亚述攻占北朝以色列，掳走了许多人民，并将外邦人迁至以色列地。当时留在撒玛利亚地的以色列百姓，在与外邦种族混居的过程中，失去了纯血统。所谓的撒玛利亚人就是指这些以色列人和外族人通婚生下的后代。

与之相反，南国犹大虽然亡于巴比伦，民众被迫流亡巴比伦，但他们没有与外邦人通婚。而且，他们在尼希米时代归回犹太地之后，进行了大规模的清理工作——凡娶了外邦女人为妻的，都休了自己的妻，离绝她们所生的，只保留了纯正的雅各的后裔。如此，犹太人具有强烈的民族自尊心，他们拿撒玛利亚人当狗看待，忌讳与其交往。

再加上撒玛利亚人曾顽固阻挠被掳归回的犹太人重建耶路撒

冷圣殿，两个民族便彼此结下了冤仇。犹太人甚至忌讳脚踏撒玛利亚地，认为该地不洁净，因此他们从犹太到加利利时，避开撒玛利亚，绕远道而行。可是毫无邪恶而满有慈爱的耶稣，则愿意经过撒玛利亚到加利利。

遇见耶稣的撒玛利亚妇人

> 于是到了撒玛利亚的一座城，名叫叙加，靠近雅各给他儿子约瑟的那块地。在那里有雅各井。耶稣因走路困乏，就坐在井旁。那时约有午正。有一个撒玛利亚的妇人来打水，耶稣对她说："请你给我水喝。"那时门徒进城买食物去了。撒玛利亚的妇人对祂说："你既是犹太人，怎么向我一个撒玛利亚妇人要水喝呢？"原来犹太人和撒玛利亚人没有来往。（4章5-9节）

耶稣经过撒玛利亚的时候到了一座城，名叫叙加。那里有雅各井（相传是雅各为约瑟挖的井）。或许有人感到诧异：一口小井有什么值得命名纪念的？那是因为以色列每年从4月到10月几乎滴雨不下，是水源稀少的国家，因此一口井的意义非同小可。

经上说："耶稣因走路困乏，就坐在井旁。"这是门徒从自己的观点上所描述的：自己走路困乏，就以为耶稣也会如此。

趁耶稣歇脚，门徒进城买食物去了。此时，有一个撒玛利亚的

地中海

加利利

加利利湖

低加波利

底喱亚

撒玛利亚

约旦河

迦拿

革尼撒勒

迦百农

伯赛大

格拉森

拿撒勒

哀嫩

撒冷

撒玛利亚

以巴路山

示剑 叙加城

基利心山

犹大

耶利哥

耶路撒冷 伯大尼

∷ 撒玛利亚周边地区

∷ 示剑东边以巴路山脚下的
雅各井

妇人来打水。

耶稣请求那妇人给祂水喝。妇人甚是惊诧。犹太人向来鄙视撒玛利亚人，可现在这位犹太人正在向她搭讪。其实耶稣经过撒玛利亚前往加利利，也是在神的旨意当中，是为了将福音传于撒玛利亚。门徒进城买食物、妇女正当那时前来打水，这些都不是巧合，一切尽在神的安排当中。

难道你比雅各还大吗？

> 耶稣回答说："你若知道神的恩赐，和对你说'给我水喝'的是谁，你必早求祂，祂也必早给了你活水。"妇人说：'先生，没有打水的器具，井又深，你从哪里得活水呢？我们的祖宗雅各将这井留给我们，他自己和儿子并牲畜也都喝这井里的水，难道你比他还大吗？"（4章10-12节）

对惊讶不已的妇人，耶稣讲述神的恩赐和关乎祂自己的事。这里"恩赐"是指圣灵。使徒行传2章38节说："你们各人要悔改，奉耶稣基督的名受洗，叫你们的罪得赦，就必领受所赐的圣灵。"

耶稣是在说：如果妇人你知道向你求水喝的人就是救主，你必求祂圣灵和活水，但因不知道，所以没有求。耶稣是想告诉她得活水的路径，但这妇人因悟不出那深奥的旨意，便只说现实的状况："先生，没有打水的器具，井又深，你从哪里得活水呢？"耶稣此话是指着圣灵和永生水说的，但这妇人因为不明白其属灵意义，所以提出这样的质问。这跟尼哥底母难以领悟重生之灵意的情形很相似。

突然，女人问耶稣说："难道你比雅各还大吗？"因为她听到耶稣要给她活水，便想起将这井留给后代享用的祖宗雅各，于是拿雅各和耶稣进行比较。因为对这妇女来说雅各是她心目中所敬重的伟人。如果她认识到站在自己眼前的就是弥撒亚，反应会截然不同。

我所赐的水是永生水

> 耶稣回答说："凡喝这水的，还要再渴；人若喝我所赐的水，就永远不渴。我所赐的水要在他里头成为泉源，直涌到永生。"妇人说："先生，请把这水赐给我，叫我不渴，也不用来这么远打水。"（4章13-15节）

水与生命息息相关。妇人为了得水而来到井边，但那水只能暂时解渴，喝了之后还会再渴。然而耶稣说要给她那喝了能永远不渴的水，世上岂有这等美事！耶稣唤起妇人心中对生命的渴求，使其打开心门。

妇人这才感觉到耶稣说的那水，跟自己所想的水不一样。一听耶稣说"人若喝我所赐的水，就永远不渴"，就觉得有一种寓意在其中，再加上这人看起来很诚实，便产生了一个念头："虽然所说的话我不理解，但要跟他学习，并且要信他的话。"于是求耶稣说："先生，请把这水赐给我，叫我不渴，也不用来这么远打水。"

> 耶稣说："你去叫你丈夫也到这里来。"妇人说："我没有丈夫。"耶稣说："你说没有丈夫，是不错的。你已经有五个丈夫，你现在有的并不是你的丈夫，你这话是真的。"（4章16-18节）

妇人向耶稣求永生水。但耶稣不但所要赐的水没有赐给她，反而提到一个不着边际的事，就是叫她去叫丈夫到这里来。妇人觉得希奇。

"我没有丈夫。"妇人说。

"你说没有丈夫，是不错的。你已经有五个丈夫，你现在有的，并不是你的丈夫，你这话是真的。"耶稣似乎早已知道她过去的经历。一个陌生的人，居然对自己的身世如此了如指掌，妇人甚是吃惊。耶稣说的没错。这妇人确实曾经嫁过五个男人，历经波折之后遇见了现在的男人，但这个男人也未能给她真正的爱和幸福。

妇人早已切实醒悟到从人得到那种真爱的期望是徒然的。因此她一直以来等候从古人预言将来要来的弥赛亚，即自己的救赎者、永远的归宿、真正的丈夫——基督。她之所以说没有丈夫，是因为她还没有遇见弥赛亚。耶稣因知道她的心思，便肯定了她的话：

"你说没有丈夫，是不错的。"

耶稣并没有责备她说："你为何说谎，难道现在一起生活的那个男人不是你的丈夫吗？"反而诚然相信，并肯定她的话。耶稣吩咐那妇人叫丈夫来，并不是要追问她的过去，而是要解决妇人最迫切的问题。耶稣因为知道妇人的境况和内心，便对她说："你这话是真的。"

我看出你是先知

妇人说："先生，我看出你是先知。我们的祖宗在这山上礼拜，你们倒说，应当礼拜的地方是在耶路撒冷。"（4章19-20节）

一个萍水相逢的人，如此参透自己的身世和处境，妇人甚感吃惊，心情激动。她想：此人分明不是一般人，一定是那传闻中的，或是祖先所说的圣人先知。

她做梦也不会想到弥赛亚会出现在她的眼前。她只是认为耶稣是一位先知，便问起了自己一直以来困惑不解的问题，就是有关礼拜场所的问题。

当时犹太人是到耶路撒冷圣殿献祭；撒玛利亚人则是到他们所在地基利山上的邱坛献祭。以色列在所罗门的儿子罗波安当政时期分裂为南北两朝。北国以色列的君王为了防止百姓到耶路撒冷献祭，便在当地修筑了邱坛。模糊懂得这段历史的妇人，一直对"在哪里礼拜合神的旨意"感到困惑。

妇人你当信我

> 耶稣说："妇人，你当信我。时候将到，你们拜父也不在这山上，也不在耶路撒冷。你们所拜的，你们不知道；我们所拜的，我们知道，因为救恩是从犹太人出来的。（4章21-22节）

礼拜场所，对以色列百姓来说具有重大的意义。圣殿是神临在的地方，是分别为圣的场所。犹太人相信圣殿是宇宙的中心。然而，他们却不知比礼拜场所更重要的是礼拜之人的内心。神悦纳人用善行和爱神的心献上的礼拜，却不接受人心怀恶念而献的礼拜。

妇人因没有正确认识神和弥赛亚，所以未能正确地献上礼拜。丧失民族正统性的撒玛利亚，是拜偶像的习俗蔓延、多神教盛行的社会。因此，他们无法正确认识神。妇人若正确认识神和弥赛亚，便不会认不出眼前的弥赛亚。

那些真正敬畏神的人，都认出耶稣是弥赛亚。并且知道照着古人先知的预言，救赎者要出自犹太伯利恒，祂是大卫的根，又是大卫的后裔。为了显明这个事实，耶稣对那妇人说："你们所拜的，你们不知道；我们所拜的，我们知道，因为救恩是从犹太人出来的。"

用心灵和诚实拜神的时候将到

> 时候将到，如今就是了，那真正拜父的，要用心灵和诚实拜祂，因为父要这样的人拜祂。神是个灵(或无"个"字)，所以拜祂的，必须用心灵和诚实拜祂。（4章23-24节）

礼拜是敬拜神的仪式。是人将赞美和荣耀归给神，并尊崇神的信仰行为。我们人类要向神敬拜的原因是：神为我们创造了天地万物，并差遣独生子耶稣基督，拯救我们脱离罪和死亡。

人所献的礼拜并非都蒙神悦纳。我们查考圣经上该隐和亚伯献祭的故事。亚伯以他羊群中头生的和羊的脂油向神献祭；该隐则拿地里的出产为供物献祭。该隐是照着自己的意思献了属肉的礼拜；亚伯则照着神的旨意献上了"血祭"，即属灵的礼拜。神只悦纳了亚伯的献祭。

那么，什么是神所喜悦的属灵的礼拜呢？

正是用心灵和诚实献上的礼拜。用心灵献上的礼拜是指凭着圣灵的感动，领受圣经66卷书中的神言，并用内心献上的礼拜。用诚实献上的礼拜是指尽心，尽意，尽忠诚，以喜乐和感恩，祷告和赞美，并以行为和礼物所献上的礼拜。神悦纳我们用心灵和诚实献上的礼拜，就保守我们免遭事故、疾病和危险，并且祝福我们事业和工作。

耶稣开始谈论与妇人的期待相连的话题，祂论起属灵的礼拜，并说用心灵和诚实拜神的时候即将来临。"时候"是指耶稣复活升天之后，从圣灵降临，到主从空中降临的时期。然而，妇人无法完全理解用心灵和诚实拜神的含义。

我就是弥赛亚

> 妇人说："我知道弥赛亚(就是那称为基督的)要来，祂来了，必将一切的事都告诉我们。"耶稣说："这和你说话的就是祂。"（4章25-26节）

妇人相信先知或祖先所预言的弥赛亚一定会来，便恳切等候，但她不知道弥赛亚是什么样的人。就连那些精通律法的犹太人，他们所期待的弥赛亚是一个君王，可以将他们民族从罗马帝国的压制中解放出来，而不是拯救全人类的救主。

耶稣告诉妇人一个令人震惊的奥秘——"我就是弥赛亚。"

"这和你说话的就是祂。"

将难以诉说的悲哀和痛苦埋在心中，一心等候弥赛亚的妇人，此时此刻看见显在眼前的弥赛亚，不知多么感动，所有的疑惑瞬间散去，得以完全相信耶稣的话。

教训门徒的耶稣

不知过了多长时间，在给撒玛利亚妇人传福音的功夫，进城买食物的门徒回来了。门徒看见耶稣正在和一个陌生的妇人说话，就感到希奇。耶稣在撒玛利亚也没有熟人，但跟那妇人如同老相识一样谈得很投机。

> 当下门徒回来，就希奇耶稣和一个妇人说话。只是没有人说："你是要什么？"或说："你为什么和她说话？"（4章27节）

他们虽然心里感到希奇，但无人敢问究竟。在门徒看来耶稣素来言行诚实无伪，便不敢随意断定祂的是非。门徒想到：耶稣虽然跟一个犹太人视为可憎的撒玛利亚妇人谈话，但祂这样做一定会有特殊的原因，便没有去问耶稣。

不过，门徒若没有论断定罪的心，压根就不会产生希奇的念头，只是不敢说出来罢了。人都是以自己所学的知识、教养、经验和智慧为标准，去分辨是非好歹。遇到不合自己的心意的事，就轻易对此加以论断和定罪。然而，人的知识、理论、经验并不都是真理，所以自以为对的论断很多时候都是错误的。

撒玛利亚妇人传福音

> 那妇人就留下水罐子，往城里去，对众人说："你们来看，有一个人将我素来所行的一切事都给我说出来了，莫非这就是基督吗？"众人就出城往耶稣那里去。（4章28-30节）

撒玛利亚妇人因遇见弥赛亚而喜出望外，连打水的事都给忘了，就留下水罐子，箭步跑向城里。水罐子，现在有何用处？遇见了永生水，即本为永恒生命的耶稣，她的人生目标就改变了。妇人因着激动涨红着脸，见人就传：我在井边遇见一个人，他竟然参透我的身世，那人就是众人拭目以待的弥赛亚。

"你们来看！有一个人将我素来所行的一切事都给我说出来了，莫非这就是基督吗？"

耶稣的传道方法

此话引起了城里人极大好奇。

我的食物就是遵行差我来者的旨意

这其间，门徒对耶稣说："拉比，请吃。"耶稣说："我有
食物吃，是你们不知道的。"门徒就彼此对问说："莫非有
人拿什么给祂吃吗？"耶稣说："我的食物就是遵行差我
来者的旨意，作成祂的工。（4章31-34节）

妇人进城之后，门徒请耶稣吃他们带来的食物。可是耶稣意
外地说祂有食物吃：

"我有食物吃，是你们不知道的。"

这好像是在拒绝门徒辛辛苦苦弄来的食物，但其实不然。耶
稣趁他们正饥饿的当儿，以食物作为比喻，教导他们何为属灵的食
粮，以便使门徒将生命的话语铭刻在心。门徒照着语意理解耶稣的
话，全然不知祂的意图，便彼此对问说："莫非有人拿什么给祂吃
吗？"

尚未开启灵眼的门徒只顾念日用的饮食，然而耶稣说的食物是
指着叫人永生的灵粮说的。耶稣说："我的食物就是遵行差我来者
的旨意，作成祂的工。"那么，什么是神的旨意和神的工呢？

帖撒罗尼迦前书5章16-18节说："要常常喜乐，不住地祷告，
凡事谢恩，因为这是神在基督耶稣里向你们所定的旨意。"还有在

帖撒罗尼迦前书4章3节说："神的旨意就是要你们成为圣洁，远避淫行。"这是说：神的旨意就是我们要常常喜乐，祷告，感恩，以及我们内心成圣。除此之外，我们遵行神的道，彼此相爱，与众人和睦，彼此饶恕等也是神的旨意。

那么，什么是神的工？

就是我们敬拜神，传福音，为神的国忠心侍奉。不过，人若不离弃心里的恶，仍旧犯罪作恶，违背神的旨意，即便他多做神的工，也是徒劳无功的。神要的就是我们良善而诚实的真理之心。我们只有照着神的旨意作神的工，才能心里充满所赐的喜乐和幸福，并且凡心里所求的都能从神得着。

撒种者和收割者

> 你们岂不说："到收割的时候还有四个月"吗？我告诉你们：举目向田观看，庄稼已经熟了(原文作"发白")，可以收割了。收割的人得工价，积蓄五谷到永生，叫撒种的和收割的一同快乐。（4章35-36节）

耶稣教导门徒何为灵粮之后，接着又说秋收的比喻，并论到撒种的和收割的人。种子撒在地里，有早收的，也有晚收的，这取决于种子的品种。这里为何说"到收割的时候还有四个月"呢？圣经上记载的数字或单词大多包含着深邃的灵意，所以一定要在圣灵的感动中正确领悟（提摩太后书3章16节）。彼得后书3章8节说：主看一日如千年；但以理书9章27节的"一七"便是七年，是将一日算为一年。在此"四个月"则意味着四千年。

从起初的人亚当因着犯罪，被逐出伊甸园的时候起，经过信心之父亚伯拉罕的时代，直到耶稣降世，约过了四千年。也就是说：从亚当犯罪之后，神耕作人类的工程正式启动，直到救主耶稣的降世，一共过了四千年的岁月。

自耶稣降世之后，神才开始进行收割，收获耕作人类的成果，即因着耶稣来到世界，代赎了人类的罪，从而凡接待祂，信祂名的人，罪得赦免，因信得救。因此，"到收割的时候还有四个月"之意是：神对人类的耕作开始之后，已过了四千年，救主耶稣来到这世界，从此救恩的大门向人类敞开。

那么，撒种的和收割的是指谁呢？

撒种的是指将独生子耶稣种在这地上的神。耶稣成为落地麦子，在十字架上舍命，向人类敞开了救恩的大门，因此祂也是撒种者。所谓"收割者"就是我们这些作神儿女的。我们是收割的工人，是在收获籽粒饱满的麦子——神耕作人类的成果。

"收割的人得工价"是意味着因信得救。以弗所书2章8节说："你们得救是本乎恩，也因着信；这并不是出于自己，乃是神所赐的；"还有在罗马书3章24节说："如今却蒙神的恩典，因基督耶稣的救赎，就白白地称义。"

救恩是神白白所赐予我们的恩典。因罪而注定永远死亡的我们，因信耶稣基督，蒙神宏恩，获得拯救，便是得了工价。于是我们为了将众人引入永生之路，殷勤传扬福音，这就是所谓"积蓄五谷到永生"。

当我们因感谢救恩，热心传福音，收获"麦子"的时候，神甚是欢欣喜悦（路加福音15章7节），并且传福音的我们也与神一同欢乐。对此使徒约翰在约翰三书3节说："有弟兄来证明你心里存的真理，正如你按真理而行，我就甚喜乐。"

> 俗语说：'那人撒种，这人收割，'这话可见是真的。我差你们去收你们所没有劳苦的；别人劳苦，你们享受他们所劳苦的。（4章37-38节）

耶稣所栽种的，由许多人在收割。这并不是用我们的牺牲和努力所换来的，而都是耶稣十字架的功劳。而且耶稣的众门徒和许多人传福音的过程中殉道；旧约时代也有因着爱神，将百姓引入真理而受逼迫的先知。他们也是栽种的人。

使徒保罗说："我栽种了，亚波罗浇灌了，惟有神叫他生长。"（哥林多前书3章6节）浇灌和收割的工作任谁都能做，但栽种的工作是由先知、耶稣以及门徒做的。当然，如今并非全无栽种的工作。神如今也透过合祂心意的主的仆人进行栽种的工作。但大部分人都是在别人栽种的基础上只做浇灌和收割的工作。

撒玛利亚人信了耶稣

> 那城里有好些撒玛利亚人信了耶稣，因为那妇人作见证说："祂将我素来所行的一切事都给我说出来了。"于是撒玛利亚人来见耶稣，求祂在他们那里住下，祂便在那里住了两天。因耶稣的话，信的人就更多了。便对妇人说："现在我们信，不是因为你的话，是我们亲自听见了，知道这真是救世主。"（4章39-42节）

耶稣教导门徒属灵奥秘的时候，撒玛利亚妇人正在城里用兴奋的语气到处传自己遇见弥赛亚的事。于是许多撒玛利亚人领受妇人的传道，信了耶稣。

妇人曾有过五个丈夫，有人由此断定她是一个行为不检点的女人，而且说她晌午时分来打水，也是为了避开别人的视线。若以此推论，她一定是一个受人非议的失信的女人。这样的女人无论怎样喊"你们来看！"也无人相信。然而，本文的情形告诉我们事实上并非如此，我们从中可以得知城里的人非常信任这位妇人。

当妇人传福音的时候，有好些城里的人信了耶稣，这可以证明这妇人平时博得众人的信任和赞赏。因着她的传道，许多人接待耶稣为救主。城里的人蒙了救恩，便求耶稣在他们那里住下，多讲些神的道给他们听。耶稣看出他们的善心和渴慕之心，便乐意留在那城里传扬福音。于是城里的人对妇人说："现在我们信，不是因为你的话，是我们亲自听见了，知道这真是救世主。"

起初是因着妇人的话就信了，可这次亲眼见到耶稣，并亲耳听到耶稣的话之后，他们就从内心里相信并告白祂真是弥赛亚、救世主。

在迦拿所行的第二件神迹

因一个撒玛利亚的妇人，叙加城内许多人信了耶稣，这是何等大的祝福。因他们非常渴慕，耶稣便在那里住两天，给众人传福音，然后启程前往加利利。

先知在家乡不受人尊敬的原因

过了那两天，耶稣离了那地方，往加利利去。因为耶稣自己作过见证说："先知在本地是没有人尊敬的。"到了加利利，加利利人既然看见祂在耶路撒冷过节所行的一切事，就接待祂，因为他们也是上去过节。（4章43-45节）

耶稣从撒玛利亚启程，没有经过拿撒勒，就直接去了加利利，因为家乡的人排斥祂。有一次祂在拿撒勒传教时，众人听祂讲道，觉得扎心，就怒气满胸，便将耶稣撵出城，甚至带祂到山崖，要把祂推下去（路加福音4章16-30节）。

他们之所以排斥耶稣，是因为他们想：他是本乡的人，我们都看着他长大，他又是区区一个木匠的儿子，岂能作救主或先知（马太福音13章53-58节）。他们没有看耶稣所行的大能，而只看他属肉的方面。但耶稣在别处却是受了欢迎。尤其是加利利人欢迎耶稣。因为他们曾在逾越节到耶路撒冷过节时，目睹过耶稣所彰显的奇事和神迹，便认定祂不是平凡的人。

大臣来见耶稣

耶稣又到了加利利的迦拿，就是祂从前变水为酒的地方。有一个大臣，他的儿子在迦百农患病。他听见耶稣从犹太到了加利利，就来见祂，求祂下去医治他的儿子，因为他儿子快要死了。（4章46-47节）

耶稣又到了加利利的迦拿，这是祂从前彰显头一件神迹——变水为酒的地方（约翰福音2章）。希律王的大臣，听见耶稣来到迦拿的消息，便来见耶稣，求祂下去医治他的儿子，因为他儿子快要死了。

耶稣的传道方法

迦百农离迦拿约有32公里，往返一趟并非易事。作为一个大臣，有足够的能力和财力，找名医给儿子看病，再说耶稣正在从大祭司、文士等领导阶层遭受逼迫，甚至被诬告为被鬼附着了。

然而，他因着心地善良，当听到耶稣彰显变水为酒、医治病人的奇事和神迹时，就信了。并相信耶稣能够医治他儿子的病，就对耶稣说："求你下去医治我的儿子。"

耶稣就对他说："若不看见神迹奇事，你们总是不信。"

那大臣说："先生，求你趁着我的孩子还没有死就下去。"

（4章48-49节）

大臣因孩子危在旦夕，焦急万分，恳求耶稣赶快跟他一起下去，耶稣却没有立刻顺着他，只说："若不看见神迹奇事，你们总是不信。"大臣满心忧虑，此话自然听不进去。那大臣说："先生，求你趁着我的孩子还没有死就下去。"

我们周围偶尔有一些不看见奇事和神迹也能打开心门接待主耶稣的人。即便是这类人，如果不看见奇事和神迹，也只能停留在知识上的信心、属肉的信心阶段。反之，见到奇事和神迹的人，就会产生"只要神同在，凡事都能"的属灵的信心，从而能够用实际行动表现自己的信心。

当然也有一些人看见奇事和神迹也仍旧疑惑，但心地善良的人看见奇事和神迹，信心会快速成长。耶稣所到之处都彰显奇事和神迹也是出于这个原由。

　　这位大臣虽因心地善良而听了耶稣的传闻就信了祂，但这不是真正的信心。他说："先生，求你趁我孩子还没有死就下去。"此话足以表明这一点。

　　他若相信神是全知全能的，能叫死人复活，那么，即使孩子死了也不会担心。这就是知识上的信心的极限。即使听了神全知全能的道理，到了一定的极限，就难以显出信心。就是要突破这个极限，方能经历到凡事都能的信心的果效。惟靠这样的真信心，才能得见神的荣耀。因此耶稣说："你若能信，在信的人，凡事都能"；"照你的信心，给你成全了"（马可福音9章23节；马太福音8章13节）。

耶稣用话语医治大臣的儿子

　　　耶稣对他说："回去吧！你的儿子活了。"那人信耶稣所说的话，就回去了。正下去的时候，他的仆人迎见他，说他的儿子活了。他就问什么时候见好的。他们说："昨日未时热就退了。"（4章50-52节）

　　耶稣并没有责怪那大臣信心不足，反而因着他不辞远行寻求神恩的行为表现，就向他伸出了施恩的手。

　　"回去吧！你的儿子活了。"

虽然没有亲眼看到儿子好了，但祂相信耶稣的话，就急着回迦百农去。正下去的时候，远处看见几个熟悉的面孔，原来是应该在家护理儿子的仆人，正在气喘吁吁地迎面跑来。

他的仆人报给他儿子康复的喜讯。大臣虽然既已相信耶稣的话必成，但当他亲耳听见儿子得医治的消息时，心中充满了喜乐和感动。他极力稳住心神，问儿子的病情是从什么时候开始好转的。发高烧，濒临死亡的儿子，就是从耶稣说"你的儿子活了"的那时刻开始好转的。就是"昨日末时"。

他自己和全家就都信了

> 他便知道这正是耶稣对他说"你儿子活了"的时候；他自己和全家就都信了。这是耶稣在加利利行的第二件神迹，是祂从犹太回去以后行的。（4章53-54节）

如果大臣回去的时候心里疑惑耶稣的话，他儿子的病肯定不会好的。但他因坚持表现出自己的信心，从而儿子活了，并且蒙了全家都信耶稣的祝福。耶稣在迦拿变水为酒，是头一件神迹；后来医治大臣的儿子，是第二件神迹。

如此，信心能够使不可能化为可能。耶稣在马可福音11章24节说："所以我告诉你们：凡你们祷告祈求的，无论是什么，只要信是得着的，就必得着。"在这里要留意是"信是得着"，而不是"相信"得着，意思是：无论求什么，都要相信所求的"已经"得着。

圣经告诉我们："只要凭着信心求，一点不疑惑；因为那疑惑的人，就象海中的波浪，被风吹动翻腾。这样的人不要想从主那里得什么。"（雅各书1章6-7节）当我们一点不疑惑，信靠全知全能的神，并专心向祂祈求时，必能经历到祂奇妙的作为。

第五章

毕士大池边的神迹

病了三十八年的人在安息日蒙医治

耶稣在加利利迦拿行第二件神迹之后前往耶路撒冷。按着律法，犹太成年男子每年要上耶路撒冷守三大节期——逾越节、七七节（收割节）、住棚节。耶稣也遵照神的旨意，上耶路撒冷去守节。

聚在毕士大池边的人们

这事以后，到了犹太人的一个节期，耶稣就上耶路撒冷去。在耶路撒冷，靠近羊门有一个池子，希伯来话叫作毕士大，旁边有五个廊子。里面躺着瞎眼的、瘸腿的、血气枯干的许多病人（有古卷在此有"等候水动，因为有天使按时

下池子搅动那水，水动之后，谁先下去，无论害什么病就痊愈了"）。（5章1-4节）

耶路撒冷圣殿一周圈有许多城门，其中东北角的一个门叫做"羊门"，是早在尼希米时代（公元前445年）兴建的（尼希米记3章1节）。其外面有牲畜市场，因此献祭的羊或牲畜都要经过此门进入城内，故有此名。

靠近羊门有一个池子，希伯来语叫作毕士大。该池子是属于人造的雨水收集池，用来储备圣殿用水。但奇妙的是从池底深处，时而有清澈的泉水涌出来，使水涌动。人们以为那是天使按时下池子搅动那水。还有传闻说水动之后，谁先下去，无论什么病都能好。于是池边每天都挤满了瞎眼的、瘸腿的、血气枯干的许多病人，等候水动。

其实在最完善的圣经古抄本中没有"等候水动，因为有天使按时下池子搅动那水，水动之后，谁先下去，无论害什么病就痊愈了"这段内容，只是在后世抄本中出现。从中可以窥见当时普遍流行的民间信仰的状貌。圣经是真神言语，一点一画也不会落空，但圣经中偶尔出现类似的记录，是为了使读者能够感受到当时的状况。

安息日医治病人的耶稣

在那里有一个人，病了三十八年。耶稣看见他躺着，知道

:: 耶路撒冷城墙东北边的羊门

:: 羊门旁的毕士大池子

毕士大池边的神迹

他病了许久，就问他说："你要痊愈吗？"病人回答说："先生，水动的时候，没有人把我放在池子里；我正去的时候，就有别人比我先下去。"耶稣对他说："起来，拿你的褥子走吧！"那人立刻痊愈，就拿起褥子来走了。（5章5-9节）

毕士大池边时常聚集许多患者，他们争先恐后席地于水池近处，以便水动的时候，能够最先下去。俗话说"久病无孝子"，他病了38年，定是早已被家人弃之不顾，孤苦伶仃，落寞无助。

在极为难忍的忧苦疾患中，他至今没有绝望，也没有放弃。他抱着有朝一日会好的希望，始终没有离开池边。耶稣看中他在绝境中也不失盼望，长久忍耐等候的心志，便走近他，伸出了爱的手。

"你要痊愈吗？"

一个温和声音，使他重温久违的温暖，他便开始倾诉自己可怜无助的处境：即便水动，但因举动不便，正去的时候，就有别人比他先下去。对于病人小小的请求，耶稣的回应却很意外：

"起来，拿你的褥子走吧！"

对长久受尽疾病煎熬的人来说，耶稣的话或许会觉得很荒唐，甚至会觉得是在戏弄人。但他不加思索霍地站了起来。感觉身上有一股莫名的力量临到。耶稣仅仅说了一句话，却使一个38年的病人立时得到痊愈。

耶稣并不是任谁都给医治，只医治那些信心与行为并行的合乎公义的人。长期病缠，久治不愈，人们往往自暴自弃，但这个病人在漫长的岁月中仍没有绝了盼望，反而带着盼望忍耐到底。耶稣看中他这一善心，便医治了他的病。

不明白安息日真义的犹太人

> 那天是安息日，所以犹太人对那医好的人说："今天是安息日，你拿褥子是不可的。"他却回答说："那使我痊愈的对我说：'拿你的褥子走吧！'"他们问他说："对你说，'拿褥子走'的是什么人？"那医好的人不知道是谁，因为那里的人多，耶稣已经躲开了。（5章10-13节）

38年的病人，已没有必要继续留在那地方了，便拿起褥子起身要走。在旁边看此情形的犹太人就叫住他，不许他拿褥子走。因为他是在安息日蒙医治，这天是严禁搬东西的。

以色列百姓每当违背神的命令，即违背律法时，遭受了许多苦难。当敬畏神的君王治国的时候，太平盛世，百姓安居乐业。然而，从君王到百姓远离神，拜偶像的时候，则遭到外侵，百姓被掳。鉴于这些教训，他们意识到百姓彻底遵守律法的必要性，于是在原有的律法上人为地加添了许多细则。这就是所谓"古人的遗传"。

例如：为了遵守"要记念安息日，守为圣日"这一律法，他们细致入微地制定了禁忌事项。如：安息日不可撒种、耕地；不可和面、烧烤、洗濯；写字或抹字不可超过两个字；不可梳理头发；不可挪移东西等制定了许多细则，严格遵守。

神从未禁止人在安息日拿褥子走。神将安息日定为圣日，叫人遵守，是为了赐福于人。犹太人却不明白安息日的实意，就擅自制定细则，叫安息日反倒成为受苦的日子。38年的病人得了医治，理应一同欢喜，犹太人却反而谴责此事，加以定罪。

"今天是安息日，你拿褥子是不可的。"

犹太人心生厌烦，便继续盘问。

"对你说'拿褥子走'的是什么人？"

那时耶稣已经离开此地，因为祂早已预料到犹太人会对此事做出敏感反应。耶稣避开他们，并非因无能为力。祂在无辜受难时，也没有与不义妥协。但无论何种情况，凡有碍于成就神旨意的事，祂就避而不做。

你已经痊愈了，不要再犯罪

后来耶稣在殿里遇见他，对他说："你已经痊愈了，不要再犯罪，恐怕你遭遇的更加利害。"那人就去告诉犹太人，使他痊愈的是耶稣。（5章14-15节）

后来耶稣在殿里遇见那38年的病得医治的人，就嘱咐他说："你已经痊愈了，不要再犯罪，恐怕你遭遇的更加利害。"

耶稣告诉他：病虽然蒙神医治，但若不遵行神的话语，再次犯罪，就会重新得病，而且比先前更加厉害。从中我们可以得知疾病的原因是罪。所有的问题都是如此。爱神，敬畏神，遵行祂旨意的人，不仅不得病，而且得到凡事亨通的祝福。然而，不遵行神话语的人，则会常受疾病和各种人生问题的折磨（申命记28章）。

人们通常认为，患病是因为运气不好，或因不注意身体。但不小心得的病，寻根究底也是因着不照神话语而行的罪所导致的。比如：吃饭没有节律，或暴饮暴食，养成这种不良习惯，会导致胃肠或身体各器官衰退。身体是神所赐的，人应当好好管理自己的身体，若不然就是对神旨意的不顺从。

出埃及记15章26节说："你若留意听耶和华你神的话，又行我眼中看为正的事，留心听我的诫命，守我一切的律例，我就不将所加与埃及人的疾病加在你身上，因为我耶和华是医治你的。"我们若遵行神的诫命，行事为人合神的心意，神必医治我们一切疾病和软弱（马太福音8章17节；以赛亚书53章5节）。

此人再次遇见耶稣，才得知医好自己病的就是耶稣，便欢喜。他不知道犹太人的用心，就告诉他们医治他的就是耶稣，却不知这话会对耶稣有害。

耶稣医治病人之后，有时叫人将那事告诉家人亲戚，有时则吩咐不可张扬（马太福音8章4节；路加福音8章56节）。如果听的人心地善良，能够相信，并将荣耀归给神，就叫人传；若听了反而会逼迫和攻击，就叫人不要传。如此，体贴各人的心意，智慧行事，也是非常重要的。

逼迫耶稣的犹太人

耶稣因在安息日治病而遭到犹太人的逼迫。犹太人误解神的律法，谴责耶稣的善行，加以定罪。然而，耶稣在马可福音2章27-28节说："安息日是为人设立的，人不是为安息日设立的。所以人子也是安息日的主。"

安息日的主——耶稣，在安息日解除人的病苦，显明了超乎公义的慈爱。如此，神喜悦慈爱与怜恤，胜于律法。

所以犹太人逼迫耶稣，因为祂在安息日作了这事。耶稣就对他们说："我父作事直到如今，我也作事。"所以犹太人越发想要杀祂，因祂不但犯了安息日，并且称神为祂的父，将自己和神当作平等。（5章16-18节）

毕士大池边的神迹

善良的人不轻易对人论断定罪，而会努力在别人的立场上予以理解。可是犹太人责难和逼迫在安息日行善的耶稣。

于是耶稣对他们说："我父作事直到如今，我也作事。"以此强调申明祂作事不是出于祂自己的意思。于是，犹太人更加恼怒，便越发想要杀祂。在他们看来，耶稣犯安息日还不够，还称神为父，将自己和神当作平等。

耶稣是神本体的真像，是与神原为一。祂太初就与神同在，亲眼看到神创造并治理天地万物的全过程，所以祂能够参透神的心意，完全照神的旨意而行，从未做过违背神旨意的事。而属灵的瞎子——犹太人却无法领悟这样的事实。犹太人之所以如此反对耶稣，是因为耶稣行他们所不能行的大能，得众民的喜爱，就心生忌恨。

耶稣提醒犹太人

> 耶稣对他们说："我实实在在地告诉你们：子凭着自己不能作什么，惟有看见父所作的，子才能作；父所作的事，子也照样作。父爱子，将自己所作的一切事指给祂看，还要将比这更大的事指给祂看，叫你们希奇。（5章19-20节）

如果经营大企业的父亲，要把经营权交给儿子，他一定会把所有的经营秘诀毫无保留地传授给儿子。照样，神也爱耶稣，便从太初就与儿子同在，将包括天地创造和耕作人类在内的一切旨意都传授于祂。

耶稣开展圣工，是依照神给祂看见并指教的一切。祂医治百姓各样病症，叫死人复活，平静了风和海，彰显许多奇迹（路加福音8章24节）。

耶稣说："父爱子，将自己所作的一切事指给祂看，还要将比这更大的事指给祂看，叫你们希奇。"这是耶稣对自己将要背负全人类的罪，被钉死在十字架上，埋葬，第三天从死里复活的预言。除此之外，耶稣升天的事，也是人们未曾见过的希奇的事。而且到了所定的日子，耶稣从空中降临，以及末时要显现的事，这些都是令人希奇的事。

父与子的关系

> 父怎样叫死人起来，使他们活着，子也照样随自己的意思使人活着。父不审判什么人，乃将审判的事全交与子，叫人都尊敬子如同尊敬父一样。不尊敬子的，就是不尊敬差子来的父。（5章21-23节）

神掌管着人类的生死祸福，神又将这一权柄赐给了祂儿子耶稣。这里说"子也照样随自己的意思使人活着"，并不是"耶稣愿意叫谁活着就叫谁活着"的意思，而是神的旨意就是耶稣旨意的意思。那么，"乃将审判的事全交与子"是什么意思呢？

经上说："没有义人，连一个也没有。"亚当犯罪之后，所有的人都沦落为罪人，走向灭亡之路（罗马书3章10节；6章23节）。然而，慈爱的神，早已为我们预备了拯救的道路，那就是耶稣基督。凡接待祂，信祂名的人都能得永生，进天国；不信的人则要下地狱，因此说："父不审判什么人，乃将审判的事全交与子"。

罗马书5章1节说："我们既因信称义，就藉着我们的主耶稣基督得与神相和。"耶稣是使我们与神和好的桥梁。我们信耶稣基督并顺从祂的话语，就是信神并顺从神的话语。同时，认识并侍奉耶稣基督，就是认识并侍奉神。

听见神儿子的声音的时候将到

> 我实实在在地告诉你们：那听我话、又信差我来者的，就有永生，不至于定罪，是已经出死入生了。我实实在在地告诉你们：时候将到，现在就是了，死人要听见神儿子的声音，听见的人就要活了。因为父怎样在自己有生命，就赐给祂儿子也照样在自己有生命；并且因为祂是人子，就赐给祂行审判的权柄。（5章24-27节）

人若信耶稣说的话，又信差祂来的神，就不至于定罪，并且出死入生。这里所谓的"信"，不是指单单口里承认的信，而是指实践神道的属灵的信心（雅各书2章22节）。

所谓"死人"，不是指失去性命的人，而是指灵死的人。

神起初将人创造为"有灵的活人"，使其具有灵、魂、肉。因人类的始祖亚当悖逆神的话语，犯了罪，在人身上作主的灵便死了。

亚当的后裔都是以灵死的状态，带着原罪出生在这世界，但只要听福音，接待耶稣基督为救主，领受所赐的圣灵，死灵就可以得活。进而，遵行神的话语，就会逐渐变成真理的人，即属灵的人，这就是"死人要听见神儿子的声音"的含义。耶稣说：现在就是听见神儿子的声音的时候。

又说："因为父怎样在自己有生命，就赐给祂儿子也照样在自己有生命。"这里的"生命"是指不朽的永恒的属灵生命。耶稣与神为一体，在祂有父的生命（约翰福音14章6节），我们接待祂，信祂名，就能得到永恒的生命。而且还说："并且因为祂是人子，就赐给祂行审判的权柄。"一个人受不受审判，取决于生命的有无。就是说：因信耶稣基督而得着生命的人要进入天国；未能得着生命的人则要下入地狱。

那么，神将审判的权柄赐给儿子的原因是什么呢？

要得知物体的重量，需要有一杆称。同样，为了审断人有生命与否，必须要有一个衡量标准。耶稣基督就是这生命的称，是审判的标准。因为耶稣就是生命和真理本身。因此，神将审判的权柄赐给祂儿子耶稣。

复活得生和复活定罪

> 你们不要把这事看作希奇，时候要到，凡在坟墓里的，都要听见祂的声音，就出来。行善的复活得生，作恶的复活定罪。我凭着自己不能作什么，我怎么听见，就怎么审判，我的审判也是公平的，因为我不求自己的意思，只求那差我来者的意思。"（5章28-30节）

耶稣说生命和审判在乎神的儿子，有些人听了之后感到希奇。他们疑惑地想："那么耶稣降生之前的人会如何？"耶稣知道他们心里想什么，就对他们说："你们不要把这事看作希奇"，并对他们论起"良心审判"来。

基督教传入我国（韩国）只有一百多年的历史。那么，一百年前的人，或者主降世之前的旧约时代的人会如何呢？难道因为他们不认识耶稣基督，就将他们全部打入地狱吗？若是这样，怎能说神是慈爱的神呢？神本为爱，祂早已为那些善良的人预备了救恩的道路。人若活着的时候积累善行，必将复活得生；积累恶行则复活定罪（罗马书2章14-16节）。

神对生活在旧约时代的人，和虽生活在新约时代却没听过福音的人预备了拯救的道路，那就是"良心审判"。

有这样类型的人：即使未曾听到福音，但因敬畏上天，努力做善人，行义路，在某种程度上遵照神的旨意而生活（传道书3章11

节；罗马书1章20节）；还有具有无私之爱的人，他们敢为国家，或为父母和亲友牺牲自己的生命。他们都是符合良心审判之标准的人。他们如果听了福音，必会接待主耶稣，以至于得救进天国。因此，神为这类人预备了良心审判，使他们能够借以进入永生的国度（参照《地狱》一书）。神是公义的，祂的审判是公正的，对所有的人都是如此。

当耶稣提到"审判"的时候，人们心里产生了一种恐惧感，并想知道审判是怎样进行的。耶稣知道他们的想法，就告诉他们说："我凭着自己不能作什么，我怎么听见，就怎么审判。我的审判也是公平的，因为我不求自己的意思，只求那差我来者的意思。"

耶稣对犹太人作的见证

施洗的约翰，以及旧约的众先知曾作过有关耶稣基督的见证——称祂为耶西的根、祂将生在伯利恒，"祂的根源从亘古，从太初就有"等等（以赛亚书11章10节；弥加书5章2节）。这都不是出于他们的意思，乃是神指示他们做的。即便没有这些见证，单看耶稣所行的奇事和神迹，也能充分证明耶稣就是从神来的。尽管如此，犹太人仍旧不认耶稣，反而加以逼迫，于是耶稣显明自己是神子的凭据。耶稣这样做乃是因着慈爱，要拯救他们。

"我若为自己作见证，我的见证就不真；另有一位给我作
见证，我也知道祂给我作的见证是真的。你们曾差人到约
翰那里，他为真理作过见证。其实我所受的见证不是从

人来的，然而我说这些话，为要叫你们得救。（5章31-34
节）

如果一个人为自己夸口，却无人认同，便是一件很尴尬和滑稽
的事情。因此，人就算有许多可夸之处，也要得到周边人的肯定。
耶稣在所有方面都值得夸口，但祂单单叫神为祂作见证。就是神以
与祂同在的凭据，为祂作了见证。

那么，耶稣为何说："我所受的见证不是从人来的"呢？

因为无人能够正确地作耶稣的见证。连施洗的约翰也没能完
全了解耶稣。他在被囚之时，曾差遣自己的门徒问耶稣："那将要
来的是你吗？还是我们等候别人呢？"（马太福音11章3节）

于是耶稣回答说："你们去，把所听见、所看见的事告诉约
翰。就是瞎子看见，瘸子行走，长大麻风的洁净，聋子听见，死人
复活，穷人有福音传给他们。"因为单凭这些见证，也足能证明祂
就是神所差来的。

"将属灵的话解释属灵的事"（哥林多前书2章13节），然而当
时的人不了解关乎耶稣的属灵的事，因此难以正确见证耶稣。耶稣
为了叫众人得救，亲身见证神的奥秘和大能，尽管如此，犹太人嫉
妒满胸，误解耶稣是在自夸。耶稣因为知道人的心，就说："我所
受的见证不是从人来的。"

神的作为——奇事和神迹

> 约翰是点着的明灯，你们情愿暂时喜欢他的光。但我有比约翰更大的见证，因为父交给我要我成就的事，就是我所作的事，这便见证我是父所差来的。（5章35-36节）

明灯一旦绝了油，立刻就会熄灭。耶稣将约翰比作明灯，是因为他的一生很短暂。比耶稣早生六个月的约翰，在耶稣传教生涯期间被希律安提帕杀害，年仅30岁出头就告别了人生。他在短暂的人生中，就像照亮黑暗的明灯，责备犯罪作恶的人，传扬真理（约翰福音5章33节）。他作为预备主道的明灯，指出众人的罪，叫人悔改并且行在义中。

如前所提，玛垃基先知以后，在经历四百年属灵黑暗期的以色列，终于出现一位先知宣布神的话语，那就是施洗的约翰，因此他的人气自然很高。约翰成为照亮黑暗的明灯，人们也喜欢领受这光，但这不过是暂时的。因为他的呼声是见证在他以后来的耶稣。比这施洗约翰的见证更为确切的见证就是耶稣亲自彰显的神的大能。祂用无数的奇事和神迹显明神与祂同在的见证。

给我作见证的就是这经

> 差我来的父也为我作过见证。你们从来没有听见祂的声

音，也没有看见祂的形像。你们并没有祂的道存在心里，因为祂所差来的，你们不信。你们查考圣经(或作"应当查考圣经")，因你们以为内中有永生，给我作见证的就是这经。然而你们不肯到我这里来得生命。我不受从人来的荣耀。但我知道你们心里没有神的爱。我奉我父的名来，你们并不接待我；若有别人奉自己的名来，你们倒要接待他。(5章37-43节)

神用各种奇事和神迹亲自为耶稣作见证。然而，法利赛人、文士和律法师却不肯信。耶稣说他们从来没有听见神的声音，也没有看见神的形像，并说这是因为他们没有把神的道存在心里。神的道，他们懂得比谁都多，可耶稣为何说他们没有神的道存在心里呢？

一个人听神的道，是凭着善心领受，还是凭着恶心领受，会产生截然不同的结果。他们知道神将照着旧约的预言，差遣弥赛亚到他们中间。可他们领受此预言的时候没有体贴神的心意，乃是体贴自己的想法和利益来领受，从而弥赛亚出现在眼前，他们也未能认出，也不肯接在心中。

他们自以为通达律法，爱名利地位胜过爱神。他们在这种自尊心和贪心的驱使下，极力逼迫耶稣。因此，耶稣指着他们说：神的道不存在他们心里。

很多人以为只要读圣经，听神的道，认识真理就能得救。其实不然，惟独明白神在圣经上的旨意，并遵其而行的人才能得救（马太福音7章21节）。即便清楚知道目的地，若不朝那个方向走，便无法到达目的地。同样，若要去天国，一定要明白神的旨意，并照其谨守遵行。

耶稣针对那些因恶欲蒙蔽双眼而不认识耶稣的人，断然地说："我不受从人来的荣耀。但我知道你们心里没有神的爱。"耶稣不受从人来的荣耀，因为世俗的荣耀都是虚空的，终必归为无有。

神对我们施行拯救，不是为受人的荣耀，乃是因着爱我们。祂愿与自己真正的儿女永享真爱。蒙恩得救的人在真理里面更新而变化，自然会归荣耀于神，神愿意通过这样的人得到荣耀。

不接受耶稣的人，心里没有神的爱。他们的双眼被心中的贪婪所蒙蔽，未能认出奉神的名而来的耶稣。

你们如果信摩西，也必信我

> 你们互相受荣耀，却不求从独一之神来的荣耀，怎能信我呢？不要想我在父面前要告你们，有一位告你们的，就是你们所仰赖的摩西。你们如果信摩西，也必信我，因为他书上有指着我写的话。你们若不信他的书，怎能信我的话呢？"（5章44-47节）

人心里有恶，自然追求私欲，便无法爱神。当时的犹太人注重名利权势等世上的荣耀，却不追求从神来的荣耀。耶稣揭示众人的心态，显明他们逼迫陷害祂的缘由。

耶稣说："有一位告你们的，就是你们所仰赖的摩西"。此话怎讲呢？

当时，摩西的律法是人们靠行为得救的衡量标准。于是人们相信律法，并时常奉读。在法庭上，律师辩护被告，检察官则控诉被告。当我们站在神面前的时候，摩西的律法会起到检察官控诉的作用。

将来主从空中降临，过了千年王国，就有白色大宝座的审判。那时，神是审判官，耶稣充当辩护律师。在神和耶稣周围有二十四位长老，他们充当陪审员，以摩西的律法为标准去衡量各人遵行真理的程度。凡信耶稣基督的人并非都能得救，若达不到律法的衡量标准就无法得救。

摩西的律法是为耶稣基督而记录的。因此耶稣说：你们若不信摩西的书，即律法，怎能信我的话呢？相信神所赐的律法之实意的人，必然会相信成全律法的耶稣基督。真正从内心里相信律法的人，必然效法耶稣基督，在光明和义中行，从而走上救恩的道路。

第六章
生命之粮

五饼二鱼的神迹

圣经中将加利利湖称作加利利海。因为其面积很大，仿佛一汪大海。在旧约时代，称其为基尼烈湖，因它的形状像竖琴；新约时代则叫做革尼撒勒湖、提比哩亚海。耶稣在传道生涯期间，周游加利利海周边地区传扬天国的福音，彰显了许多奇事和神迹。

这事以后，耶稣渡过加利利海，就是提比哩亚海。有许多人因为看见祂在病人身上所行的神迹，就跟随祂。耶稣上了山，和门徒一同坐在那里。那时犹太人的逾越节近了。（6章1-4节）

当时耶稣叫十二门徒两个两个地出去，传扬福音，行权能，以

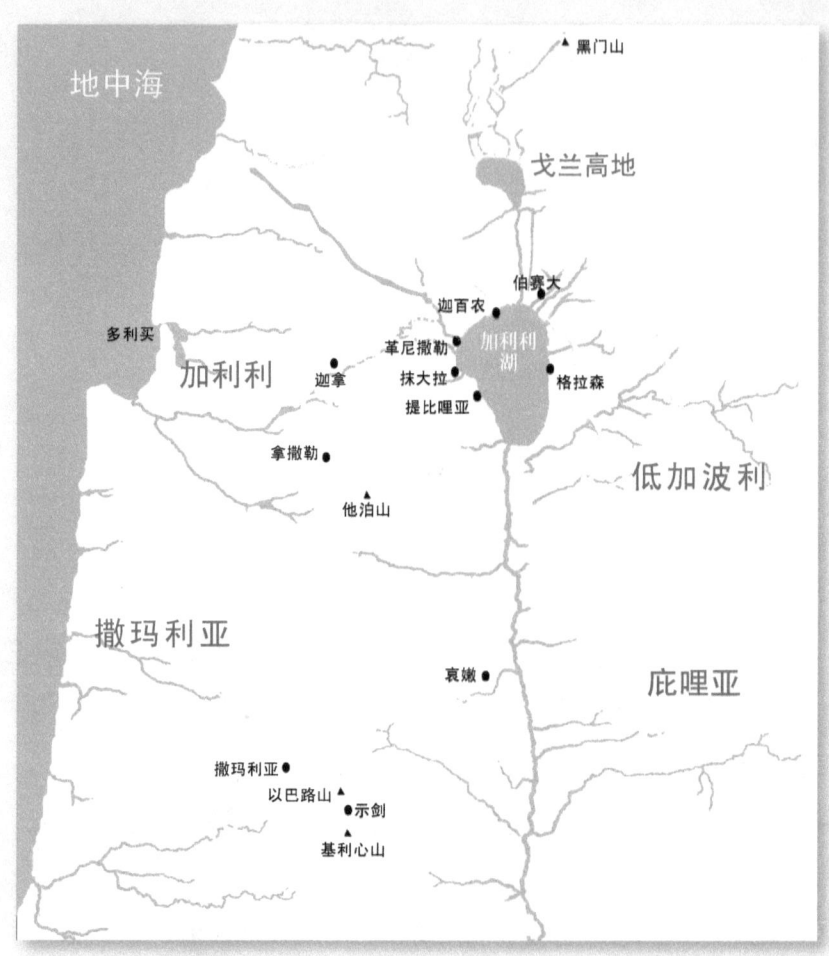

::加利利湖周边地区

地中海

黑门山

戈兰高地

伯赛大

迦百农

加利利湖

革尼撒勒

抹大拉

格拉森

多利买

加利利

迦拿

提比哩亚

拿撒勒

低加波利

他泊山

撒玛利亚

庇哩亚

哀嫩

撒玛利亚

以巴路山

示剑

基利心山

主的足迹（上）

致耶稣的名声传遍四方。耶稣和门徒为了到僻静的地方暂且歇息，便乘船前往提比哩亚海对岸的一座名叫伯赛大的城。众人看见他们去，有许多认识他们的，就从各城步行，一同跑到那里，比他们先赶到了。耶稣看着那些因目睹神迹而追随祂的群众，就怜悯他们，因为他们如同羊没有牧人一般，于是开口教训他们许多道理，并治好了他们的病人（马太福音14章13-14节；马可福音6章30-34节；路加福音9章10-11节）。

这是逾越节前夕的某一天所发生的事，他们聆听神的话语，津津有味，乐而忘返。天色渐渐暗了，门徒开始担忧，因为那地是旷野，没有食物。

耶稣试验腓力

耶稣举目看见许多人来，就对腓力说："我们从哪里买饼叫这些人吃呢？"祂说这话是要试验腓力，祂自己原知道要怎样行。腓力回答说："就是二十两银子的饼，叫他们各人吃一点，也是不够的。"（6章5-7节）

天色变黑，耶稣想到，人们因终日没吃东西，会很饿，就对腓力说："我们从哪里买饼叫这些人吃呢？"其实耶稣原知道要怎样行，却要看看腓力的反应如何，也就是要试验腓力。当然，这不是要使腓力尴尬，乃是要给腓力一个查验自己，信心更加长进的机会。

生命之粮

试探和试验是有区别的。试探是从撒但而来。人因着私欲而不遵行神话语的时候，仇敌魔鬼就会给人带来试探（雅各书1章13-15节）；试验是从神而来，是出于祝福人的目的，神命亚伯拉罕献独生子以撒为燔祭的事件就是一例。神所允许的试验，我们只要凭信心通过，就能像亚伯拉罕造福万人，得到天上地上一切的美福。反之，我们若因着自己的过犯而遭受试探，即便悔改归正，顺从神言，也不会有祝福临到，只有得到试探终止的结果。

迄今，我在牧会的过程中经历了许多熬炼。经历过三个女儿煤烟中毒；我流血过多，以至于死亡的试验。除此之外，经历了很多按肉体来说难以承受的悲痛、艰难，甚至比死还难的试炼。

然而，我凭着信心通过了这一切的试验。这不是由于我在神面前有什么过犯，而是神为了赐我更大的权能而允准的试验。如此，我们只要凭信心好好通过试验，就能蒙神赐福，灵魂得以兴盛。

对耶稣突如其来的提问，腓力立刻盘算了起来。估算每人所需的分量、聚会人数，以及总额后，腓力就自信地回答耶稣说："就是二十两银子的饼，叫他们各人吃一点，也是不够的。"一两银子相当于工人200天工价。按现在工人一天工价约70元来计算，20两银子相当于一万四千元，数额相当大。腓力的盘算似乎很合理，但他若有真正的信心，就不会如此动用人意，而会凭着信心说："我信主必能解决。"

他尚未领悟到耶稣具有无所不能的能力。在遇到人生问题时，人往往企图依靠自己的知识和智慧来解脱，但人前事难测，早晚要碰到极限，以至束手无策。然而，人只要持有属灵的信心，就会凡事都能（马可福音9章23节），因为在神没有难成的事。

尚未具有属灵信心的门徒

有一个门徒，就是西门彼得的兄弟安得烈，对耶稣说："在这里有一个孩童，带着五个大麦饼、两条鱼，只是分给这许多人，还算什么呢？"耶稣说："你们叫众人坐下。"原来那地方的草多，众人就坐下，数目约有五千。（6章8-10节）

在耶稣与腓力对话的功夫，安得烈穿梭于人群中寻找带食物的人，却只发现一个孩童带着五个大麦饼、两条鱼。安德烈向耶稣汇报这一状况，以为这么一点食物，不会有什么帮助，无疑是杯水车薪。

门徒虽一直以来跟随耶稣看见了无数的奇事和神迹，却未能具备真正的信心。许多人口称信全能的神，但遇到难处的时候，就忧心沮丧，难以显出信心。属灵的信心是与行为并行的，包括安得烈在内的众门徒也尚未具备这种信心，只有在头脑里信的知识上的信心。

耶稣叫人一排一排地坐下，有一百一排的，有五十一排的（马可福音6章40节）。恰好那地方草多，众人便于坐下。除了妇女孩子，约有五千，若都加起来足有一万（马太福音14章21节），旷野上人潮澎拜，谓为壮观。可这么多人能吃的，仅仅只有五个饼和两条鱼。

但对全能的神而言，人数不是问题，不管是一万、还是十万，神都能给予饱足，因为神具有使无变有的创造之大能。在疾病的问题上也是如此。在神不存在小病好治，大病难治的限度，在神看来都是一样的，只是各人信心的差异，呈现不同的果效。

耶稣彰显五饼二鱼的神迹

> 耶稣拿起饼来祝谢了，就分给那坐着的人，分鱼也是这样，都随着他们所要的。他们吃饱了，耶稣对门徒说："把剩下的零碎收拾起来，免得有糟蹋的。"他们便将那五个大麦饼的零碎，就是众人吃了剩下的，收拾起来，装满了十二个篮子。（6章11-13节）

耶稣拿起门徒拿来的饼和鱼祝谢后，就分给坐着的群众。他们一整天跟随耶稣，已是饿极了，要饱足他们可是需要大量的食物。但令人吃惊的是，将饼和鱼按需分给群众，也不见减少，一万人吃饱了，还剩了很多。耶稣吩咐门徒把剩下的零碎收拾起来，门徒竟然收了十二个篮子。

:: 五饼二鱼教堂

　　耶稣叫人收众人吃剩的，是有目的的，是为了将此作为神所彰显的大能神迹的凭据。人们总是很容易健忘，轻易忘记过去的事。很多人亲历神大能的作为之后，时间久了就忘记了。这天如果他们仅仅满足于吃饱，没过多久就会遗忘了。但所收的饼和鱼可以作为证明所显神迹的确凿的凭证。那么，十二个篮子意味着什么呢？

　　圣经里，连一个数字也都包含着灵意。"十二"是代表光的数字，表示完全（约翰福音11章9节）。神将十二这个数字作为祝福之约的表征，如：以色列十二支派、十二门徒、新耶路撒冷的十二珍珠门等。剩下的食物装满了十二个篮子，表明完全行在真理光明

生命之粮

中的人，必蒙神的祝福和应允，福杯满溢。

人们强逼耶稣作王

> 众人看见耶稣所行的神迹，就说："这真是那要到世间来
> 的先知。"耶稣既知道众人要来强逼祂作王，就独自又退
> 到山上去了。（6章14-15节）

"神迹"是超人限度的神能力的显现。众人亲眼看见这奇异
的神迹便哗然起来，加上各样病症得医治，饥而得饱，气氛越发
热烈。

"这真是那要到世间来的先知。"人们津津乐道谈论所发生的
奇迹。

人们一直翘首盼望旧约时代的摩西或先知所预言要到世间来
的弥赛亚（申命记18章15节），再者，当时他们正在罗马的殖民统
治下受压迫。他们看耶稣的智慧、满有权柄的讲道、神迹，以及所
有方面都非常出色，无与伦比，便想到：如果耶稣作他们的王，必
能把他们从罗马的压制中解放出来。他们虽然看见了神迹，但却没
有拥有真信心，反倒求自己的荣耀。

耶稣看出他们强逼祂作王的意图，便催门徒上船，先渡到对
岸，等到散了众人以后，祂就独自上山去祷告（马太福音14章22-23
节）。耶稣彰显五饼二鱼的神迹并非为了作王，乃是要借以证实所

传的道，好叫众人信祂是神的儿子，并相信差祂来的神（约翰福音
4章48节；马可福音16章20节）。

在水面上行走的耶稣和跟从祂的群众

加利利湖处在戈兰高地与加利利山之间，构成西亚裂谷中的一个内陆湖。湖面比地中海平面约低200米，是地球上最低的淡水湖。由于特殊的地形，它天气变化无常，常有忽至的飓风。

> 到了晚上，祂的门徒下海边去，上了船，要过海往迦百农去。天已经黑了，耶稣还没有来到他们那里。忽然狂风大作，海就翻腾起来。门徒摇橹约行了十里多路，看见耶稣在海面上走，渐渐近了船，他们就害怕。耶稣对他们说："是我，不要怕！"（6章16-21节）

到了晚上，门徒上了船，要过海往迦百农去。天已经黑了，忽然狂风大作，海就翻腾起来，门徒们坐的船像树叶一样颠簸，周围一片漆黑，伸手不见五指。与耶稣在一起的时候，所到之处受欢迎，凡事亨通，可现在耶稣既不在身边，又加上遇到狂风大浪，门徒甚是害怕恐惧。

门徒艰难摇橹约行了十里多路，依稀看见海面上出现一个形体，好像一个人，渐渐近了船，原来是耶稣在海面上走，往门徒那里去，是要搭救陷入困境的门徒（马太福音14章25节）。门徒看见就惊慌了，说："是个鬼怪。"便害怕，喊叫起来。耶稣对没能认出师傅而惊恐万分的门徒说："是我，不要怕！"

马太福音14章记载，此时彼得说："主，如果是你，请叫我从水面上走到你那里去。"耶稣说："你来吧！"彼得就从船上下去，在水面上走，要到耶稣那里去，只因见风甚大，就害怕，将要沉下去，便喊着说："主啊，救我！"耶稣赶紧伸手拉住他，并与他一同上了船。门徒之所以未能认出耶稣，并感到恐惧，是因为他们动用了肉体的意念。活在真理里面的人，在神面前会坦然无惧，心里没有恐惧（约翰一书3章21-22；4章18节）。因为谨守神诫命的人，神必时刻保守他，并与他同行。

门徒从困境中遇见耶稣，心里充满喜乐。当束手无策的问题透过神的能力得以解决时，那种喜乐实在是难以言喻！耶稣上了船，风就住了。在船上的人都拜祂，说："你真是神的儿子了。"（马太福音14章33节）船立时到了他们所要去的地方迦百农。

寻求耶稣到迦百农的人们

第二日，站在海那边的众人，知道那里没有别的船，只有一只小船；又知道耶稣没有同祂的门徒上船，乃是门徒自己去的。然而有几只小船从提比哩亚来，靠近主祝谢后分饼给人吃的地方。众人见耶稣和门徒都不在那里，就上了船，往迦百农去找耶稣。既在海那边找着了，就对祂说："拉比，是几时到这里来的？"（6章22-25节）

亲身体验五饼二鱼神迹的众人，因难以忘怀昨日的感动，便再次找到那个地方。昨天明明看见门徒坐一艘船去了迦百农，而耶稣没有与他们同去，一艘船依旧留在那里。他们原想去到那里或许能见到耶稣，但耶稣和门徒都不在那里。

到了海边一看，一只小船照旧停泊在那里，众人摸不透耶稣的去向。这只小船是耶稣在海面上行走到彼岸的明证。不明缘由的众人实在摸不着头脑。

正当那时，有几只小船从提比哩亚来，靠近主祝谢后分饼给人吃的地方。众人就带着侥幸心理上了船，往迦百农去找耶稣。在那里众人找到了耶稣，却不得其解：那只小船分明在对岸泊着，耶稣到底怎样来到此地？

他们就问耶稣："拉比，是几时到这里来的？"

耶稣知道他们为何这么热心地找自己。有的出于羡慕耶稣与众不同的教导；有的出于对神迹的好奇，但最大的目的是要得到属肉的好处——要得医治，或为得饱足。人们追随耶稣不是出于追求属灵生命，乃是出于追求肉体上的益处。他们若因着渴慕属灵生命而追随耶稣，耶稣当然会喜悦，但事实上并非如此。

我们当行什么，才算作神的工呢？

耶稣回答说："我实实在在地告诉你们：你们找我，并不是因见了神迹，乃是因吃饼得饱。不要为那必坏的食物劳力，要为那存到永生的食物劳力，就是人子要赐给你们的，因为人子是父神所印证的。"众人问祂说："我们当行什么，才算作神的工呢？"耶稣回答说："信神所差来的，这就是作神的工。"（6章26-29节）

耶稣向着为了寻求祂而渡过加利利海到迦百农的众人说："我实实在在地告诉你们：你们找我，并不是因见了神迹，乃是因吃饼得饱。不要为那必坏的食物劳力，要为那存到永生的食物劳力，就是人子要赐给你们的，因为人子是父神所印证的。"

这里的"必坏的食物"是指吃了之后要消化和排泄的属肉的食物。人们迷恋短暂的人生，终身为属肉的食物劳力，终究进入到永远的死亡里。这是何等愚拙的选择！但此话的意思并非叫人不能为食物劳力，乃是叫人更加注重灵粮。

耶稣对众人应许要将灵粮赐给他们。"灵粮"是指神真理的话语。人肉体的生命是靠摄取食物来维持；属灵的生命则是靠神真理之道来维持。

赐这灵粮的耶稣是"父神所印证的"。"印证"包含着信任并保障之意，象征信赖。因此，此话乃意味着神相信耶稣会顺从祂的旨意，降世为人，代替人类的罪，在十字架上舍命，成就救赎人类的使命。

听耶稣说"不要为那必坏的食物劳力"，众人就忧愁起来，便问耶稣说："我们当行什么，才算作神的工呢？"他们之所以这么问，不是出于相信耶稣，乃是因看到神迹而产生了畏惧感。耶稣看透他们的心，便告诉他们说："信神所差来的，这就是作神的工。"

如今许多基督徒口称信神，然而，信和单纯出席教会是有区别的。真正认识并相信主的人，必会以喜乐、感恩的心去实践主的道，从而能够在生活中时常体验神的作工。与之相反，有的基督徒只是习惯性地出席教会，行事为人与不信的人并无区别。他们遇到可悲的事，就心里悲伤、不平、抱怨，这样的人只是嘴上信主，而不是心里信。

来到教会献上形式上的礼拜，这不是信心，只有爱神并遵行神的道，才是真正的信心，这就是作神的工。耶稣对那些问祂怎样才算作神的工的人，给予属灵的答案。意思是：叫他们因信耶稣基督而成为圣洁的神的儿女。

你行什么神迹，叫我们看见就信你？

> 他们又说："你行什么神迹，叫我们看见就信你？你到底作什么事呢？我们的祖宗在旷野吃过吗哪，如经上写着说：'他从天上赐下粮来给他们吃。'"耶稣说："我实实在在地告诉你们：那从天上来的粮不是摩西赐给你们的，乃是我父将天上来的真粮赐给你们。因为神的粮就是那从天上降下来赐生命给世界的。"（6章30-33节）

他们不理解耶稣说的属灵的话，仍旧想看显而易见的神迹。他们想：耶稣既然能显现从天降粮的神迹，或许也能彰显比这更大的奇迹。他们信耶稣是一个具有超凡能力的人、一个像摩西一样能从天降下吗哪的先知，而非信祂是神的儿子。

马太福音12章39节说："一个邪恶、淫乱的世代求看神迹……。"追求私欲的人，听了属灵的话语，也不完全相信，而求看神迹。反之，心地善良的人，听福音的时候，会被真理之道所感动，从而接待耶稣基督为个人的救主。属肉的人和属灵的人是如此迥然之别。

耶稣知道他们的想法，便提醒他们说吗哪不是摩西所赐的，乃是在天的父所赐的，并特别强调那吗哪是从天上来的，借以提醒他们：虽是眼不能见，但属灵的世界是分明存在的，因此一定要心里相信。耶稣对灵里无知的群众，以日用的食粮作为比方，解释从天而来的粮，是赐生命给世界的粮。

我就是生命的粮

> 他们说："主啊，常将这粮赐给我们。"耶稣说："我就是
> 生命的粮。到我这里来的，必定不饿；信我的，永远不渴。
> 只是我对你们说过，你们已经看见我，还是不信。凡父所
> 赐给我的人，必到我这里来；到我这里来的，我总不丢弃
> 他。（6章34-37节）

耶稣借用比喻讲述永生的奥秘，众人却仍执迷不悟，只是顾
念昨日所吃饱的那个食物。他们仍然求耶稣赐给他们食粮，能以常
得饱足，就像祖宗在旷野吃过吗哪一样。此时耶稣说了一句意外的
话："我就是生命的粮。到我这里来的，必定不饿；信我的，永远不
渴。"

耶稣宣告自己是生命的粮。耶稣说"到我这里来"的意思是叫
人进入真理来里面（约翰福音14章6节）。只有那些追随真理的人
才能来到主里面，主里面应有尽有。凡来到主面前，将一切向祂交
托，专心祷告，活在真理里面的人，神必保守他的家庭、工作、事
业，将天上地上一切的美福都赐给他。他们因为得到从上头来的
能力，做事的果效必然超乎自己所能，并且因获得永生，从而永远
不饿，永远不渴。

人的生命不过"是一片云雾，出现少时就不见了"（雅各书4章14节），人生在世，即便得享名利权势，享尽荣华富贵，生命一结束，都将归为无有。传道者在传道书1章8节说："万事令人厌烦（或作"万物满有困乏"），人不能说尽。眼看，看不饱；耳听，听不足。"的确，人的贪欲永无止尽，希望占有的物质越多越好。他们追随肉体的情欲，不信靠神，从而只能靠着自身的努力，获取相应的酬劳；他们对前程茫然不安，时常遭遇突如其来的事故和危险，心灵永远得不到真正的满足。

尽管耶稣指明永远不饥不渴的路径，但人们仍旧追求属肉的事物，只顾眼前的利益。心地顽恶，顺着情欲而活的人，听了有关耶稣所彰显的惊人的奇事和神迹的见证，也是疑惑不信，听而不闻。反之，心地善良的人看见耶稣所彰显的奇事和神迹，就说：这个人若不是从神来的，是不会行这样的神迹，并承认耶稣是神的儿子（约翰福音9章）。

因此说："凡父所赐给我的人，必到我这里来；到我这里来的，我总不丢弃他。"内心良善的人，听了有关神大能的见证，就会感兴趣，愿意加深了解，并寻求主耶稣。人具有这般内心，即使当前不认识神，早晚也会来到耶稣面前，接待耶稣为救主。

我在遇见永生神之前，以为神不存在，人死了一了百了。但我内心里却没有完全否认来世，一直对此存有一种莫名的恐惧感："若真的有地狱该怎么办？死后下地狱，太可怕了！"于是努力向善，当经历神的医治之后，立刻接待了主耶稣。

主不会丢弃这样的人，即使他犯了罪，远离了神，只要悔改归正，神就不再记念他的罪，而予以宽恕（希伯来书8章12节）。

差我来者的旨意

> 因为我从天上降下来，不是要按自己的意思行，乃是要按那差我来者的意思行。差我来者的意思就是：祂所赐给我的，叫我一个也不失落，在末日却叫他复活。因为我父的意思是叫一切见子而信的人得永生，并且在末日我要叫他复活。"（6章38-40节）

身为神子，披戴肉身降世为人的耶稣，在作圣工期间，并没有彰显自己，而将荣耀只归给父神。耶稣因知道众人是在用属肉的眼光看待祂，所以单单作神的见证，一心遵照神的旨意而行，以免众人误解。"祂所赐给我的，叫我一个也不失落"的意思是：耶稣从未对谁行过恶，或以意气用事，绊倒人。祂先爱罪人，并且舍命，作多人的赎价。

耶稣不仅将自己的大爱显于所有的人，也将每一个灵魂看为宝贵，为之敞开了悔改得救的大门，从而凡离弃罪恶，进入真理里面的人，都能成为神的子民，在这种意义上，耶稣说："祂所赐给我的，叫我一个也不失落。"

耶稣降世的目的也是要叫所有的人得永生，在末日都能复活。

那么，人是怎样复活呢？

如同农夫在地里撒种，种子落在土里腐烂了，其里面就会发出萌芽；树木在冬天看似枯萎，但到了春天就会重新发芽，生机盎然；蝉蛹变成蝉；蚕蛹变成飞蛾。照样，凡信主的人，在主从空中降临的时候，都要变成灵性的身体，被接到天上。

哥林多前书15章52节说："就在一霎时，眨眼之间，号筒末次吹响的时候；因号筒要响，死人要复活，成为不朽坏的，我们也要改变。"主从空中降临的时候，在基督里死了的人先复活，变成不朽的灵性的身体，与其灵魂结合。接着那些活着还存留到主降临的人，身体忽然变成灵性的身体，被提到空中，与主相遇，这叫作"被提"。

复活、被提的众圣徒具备灵性的身体之后，在空中举行七年婚宴，然后重新降到这地上，与主一同作王一千年。

吃人子的肉，喝人子的血才得永生

随着南国犹大的灭亡，圣殿也遭到毁坏，犹太人为了持守他们的信仰，需要新的聚会场所。犹太人会堂是在这种历史背景下应运而生，它作为一个社区中心，具有多种用途——成为各种聚会以及教育子女、传授律法的场所。耶稣是在迦百农会堂教导人，说："我就是从天上降下来生命的粮。"

议论纷纷的犹太人

犹太人因为耶稣说："我是从天上降下来的粮"，就私下议论祂，说："这不是约瑟的儿子耶稣吗？他的父母我们岂不认得吗？他如今怎么说我是从天上降下来的呢？"耶稣回答说："你们不要大家议论。若不是差我来的父吸引人，就没有能到我这里来的；到我这里来的，在末日我要叫他复活。在先知书上写着说：'他们都要蒙神的教训。'凡听见父之教训又学习的，就到我这里来。这不是说有人看见过父，惟独从神来的，祂看见过父。"（6章41-46节）

犹太人开始议论纷纷。耶稣分明是约瑟和马利亚所生的，明明看到祂与父母同住，却说是从天上降下来的，他们便觉得不可理解。人们之所以议论此事，是因为他们用属肉的视角去看耶稣。尽管耶稣用奇事和神迹证明神与祂同在，犹太人却因动用肉体的想法而不肯相信。

此时，耶稣用温和的声音对他们说："你们不要大家议论。若不是差我来的父吸引人，就没有能到我这里来的。"我们也是如此：若没有神主管我们的心思意念，引导我们的脚步，无人能到耶稣面前。我们听道并悟道，也是因着神所赐的恩典。

"听见父之教训又学习的"，是指人听道时神赐下悟性，并非指人与神面对面进行交流。而是意味着凡凭着信心，用心灵和诚实敬拜神的人，听主的仆人讲道时，会将其当作神亲口说的话来领受。在特殊情况下人可以像摩西、以利亚和耶稣那样能够看见神，或听到神的声音；但在大部分情况下，是透过异梦、异象或感悟得见神。我们即使不亲眼看到神的形像，也能透过圣灵的感动、圣经上的神言而得见神，体验神。

例如：听到"爱仇敌是神的旨意"，就努力去爱所恨的人，越努力，越得圣灵的能力，仇恨的罪性便得以除净，得以实践属灵的爱，这样的人必然结爱的果子、圣灵的果子等真理的果子，这就是到神和耶稣面前的人。

因为犹太人会误解"凡听见父之教训又学习的，就到我这里来"的这话，心想："谁能看见神，得到父的教训？"耶稣便接着做了进一步的解释。

我所要赐的粮，就是我的肉，为世人之生命所赐的

> 我实实在在地告诉你们，信的人有永生。我就是生命的粮。你们的祖宗在旷野吃过吗哪，还是死了。这是从天上降下来的粮，叫人吃了就不死。我是从天上降下来生命的粮；人若吃这粮，就必永远活着。我所要赐的粮，就是我的肉，为世人之生命所赐的。"（6章47-51节）

看见了中意的商品，若不付款，就无法拥有它，同样，有了生命的话语，却不信靠、遵行，就得不到永生（雅各书2章22节）。不认识神的人，放纵身心，意气行事，在仇恨、抱怨等罪孽中度日。反之，有信心的人，会顺着神的话语，离弃仇恨、嫉妒等恶，并且时常喜乐、感恩，实践主爱，因为他们相信只有遵行神的道才得永生。

出埃及的以色列百姓虽然吃过神所降下的吗哪，但除了约书亚和加勒以外，都死在旷野。他们尽管看过许多神迹和奇事，却未能显出信心，每当遇到困难时，都对神埋怨和不平。他们虽吃过神用大能降下的吗哪，但因没有信心的表现，所以终究未得属灵的生命。

耶稣说自己是生命的粮，人若不吃祂的肉就不得永生。那么，耶稣是两千年前来到这世界的，我们怎能吃到祂的肉呢？这不是叫人真的吃耶稣的肉，而是其中包含着灵意。

人必须吃粮，才能维持生命，同样，若要永生，必须要吃耶稣所赐的粮，即主的肉，这"肉"就是指神的道。耶稣之所以说自己是生命的粮，是因为凡听了神的道，就去遵行的人，将来必要复活，得享永生。

我的肉真是可吃的，我的血真是可喝的

因此，犹太人彼此争论说："这个人怎能把他的肉给我们吃呢？"耶稣说："我实实在在地告诉你们：你们若不吃人子的肉，不喝人子的血，就没有生命在你们里面。吃我肉、喝我血的人就有永生，在末日我要叫他复活。我的肉真是可吃的，我的血真是可喝的。（6章52-55节）

犹太人听耶稣说祂是生命的粮，就嗤笑祂，并且彼此争论

说："这个人怎能把他的肉给我们吃呢？"如果他们心里有一点善心，努力理解其言中之意，就能悟出其中的灵意。但他们觉得此言与自己的想法不符，就妄加议论、定罪，便难以醒悟，反而彼此起纷争。

耶稣继续用比喻解释属灵的话语，说："吃我肉、喝我血的人就有永生。"

那么，人子的肉和人子血意味着什么呢？

耶稣称自己为"人子"，因此，人子的肉，就是耶稣的肉。约翰福音1章1节说："太初有道，道与神同在，道就是神。"；14节说："道成了肉身，住在我们中间，充充满满地有恩典，有真理。我们也见过祂的荣光，正是父独生子的荣光。"

耶稣就是神的道成为肉身降世为人的神子。因此，"人子的肉"是指真理，即神的道。"吃人子的肉"是指以圣经66卷书上所记载的神道为粮，耶稣亲自行出神真理之道，借以将"自己的肉"赐给了我们。

我们吃饭的时候，需要摄取适当的水分，同样，吃人子的肉时，也一定要同饮人子的血，才能消化，获得生命。"喝人子的血"是指消化所吃的灵粮，即遵行所听的神道。比如说：学了"要祷告"的神言，就用实际行动做祷告，改变自己，在真理中行。

真正的信心是：不只停留在听道并悟道的水准，而是谨守遵行。听了道，却不遵行，这个信心就是死的，靠这样的信心是无法得着生命（雅各书2章26节）。因着吃喝耶稣基督的肉和血而得的生命，是永恒的生命。耶稣说自己的肉是可吃的，其血是可喝的。人有了日用的饮食，才能维持生命。同样，我们惟独吃主的肉，喝主的血才能得到永恒的生命。

我们遵行神的话语，单靠自身的力量是不行的。首先要有遵行神道的自身的意志和努力，还要通过如火般的祷告，领受神所赐的恩典与能力，并圣灵的帮助。如果人能靠自己的力量离弃罪，耶稣就没有必要被钉于十字架，也没有必要差遣圣灵。罪的问题，我们靠自身的力量是无法解决的，所以耶稣被钉于十字架舍命，代赎了我们的罪，并差遣圣灵给我们，帮助我们活在真理的话语里面。

吃我肉、喝我血的人

> 吃我肉、喝我血的人常在我里面，我也常在他里面。永活的父怎样差我来，我又因父活着；照样，吃我肉的人也要因我活着。这就是从天上降下来的粮。吃这粮的人，就永远活着，不象你们的祖宗吃过吗哪还是死了。"这些话是耶稣在迦百农会堂里教训人说的。（6章56-59节）

很多人的信仰是盲信，以为只要信耶稣，他自然就在耶稣里面，耶稣也在他里面。然而，圣经并没有那么讲。而是讲：必须要吃人子的肉，喝人子的血才行。耶稣来到这个世界，并不是照着自己的意思，乃是奉神的差遣。可是，犹太人压根就不领受耶稣奉神差遣而降世的说法。然而，耶稣俨然是奉神差遣的圣者，因此祂说："吃我肉的人也要因我活着。"以申明自己的身份。

当时门徒也不能理解这话，但后来经历耶稣背负十字架，死而复活的事件之后，才得以明白。那么，耶稣所说的话既然无人能听得明白，为何还要说呢？此言正是为了后世之人。正如约翰福音14章26节所说："但保惠师，就是父因我的名所要差来的圣灵，祂要将一切的事指教你们，并且要叫你们想起我对你们所说的一切话。"使后世领受圣灵的人，读经之时，醒悟此道，得到能力。

离开耶稣的门徒们

眼见为实，才肯相信，这是人普遍的属性；听到别人讲看不见的灵界的事，人们一般不太肯相信。耶稣知道门徒当中也有些人像犹太人那样不理解属灵的话语，而私下议论祂。尽管如此，耶稣继续传讲属灵的话语，因为他们将来必会看见耶稣被钉于十字架，死而复活、升天的场面。

叫人活着的乃是灵，肉体是无益的

> 祂的门徒中有好些人听见了，就说："这话甚难，谁能听呢？"耶稣心里知道门徒为这话议论，就对他们说：'这话是叫你们厌弃吗（"厌弃"原文作"跌倒"）？倘或你们

看见人子升到祂原来所在之处，怎么样呢？叫人活着的乃是灵，肉体是无益的。我对你们所说的话就是灵，就是生命。（6章60-63节）

耶稣在迦百农会堂教训人的时候，门徒中有一些人议论说耶稣的话甚难，是指着耶稣说：我是从天上降下来生命的粮；吃我的肉，末日就必复活说的。这话连门徒都难以理解，何况外人呢？

耶稣清楚了解他们的心意。祂因无法给人更深入教导属灵世界而深感惋惜。耶稣说的都是真理之言，众人却因此话而跌倒。其实，听到真理心里多有抵触的人，是因为其心里恶多的缘故。耶稣心里知道门徒为祂的话议论，就问他们说："这话是叫你们跌倒（原文）吗？"这是为了给他们答案。并且问他们说：倘或你们看到我被钉于十字架，死而复活、升到我原来所在之处，怎么样呢？

"灵"是从神来的，是不变、良善、诚实；是我们的生命，能带给我们永生。例如：顺从、祷告、爱人、饶恕等都属于灵。与之相反，"肉"是非真理，会生出死亡。不肯祷告、不爱人，不饶恕人，反倒心怀恶念，恨人，论断人、给人定罪，这都是属于"肉"。这就是属肉的信仰生活。

"肉"会使人产生误解，引起纷争。属灵的人，听人指责时会立刻顺从，并悔改归正，但属肉的人则会觉得委屈并心怀不良情绪。靠着这种属肉的信心是决不能得到永生的。持有这种属肉之信仰的人，在听道的时候，只是靠着头脑和知识去领会，并且加以论断、定罪。

这样的人听了道，也得不到生命，因此应当赶快转向属灵的信仰。听道时不要靠着自己的知识和意念去听，乃要用心灵，靠着圣灵听；敞开心门，以"阿们"领受。即使是教会任职者，如果信仰生活仍停留在属肉的水准，当试探患难来临时，就无法凭信心战胜。

反之，靠着灵则凡事都能。按着人意来看不可能的事，靠着信心和灵都能化为可能。耶稣摸两个瞎子的眼说："照着你们的信给你们成全了吧！"他们的眼睛就开了。同样，我们只要拥有属灵的信心，神就会照着我们的信心成全我们。灵和肉如此泾渭分明，所以耶稣吩咐我们要离弃无益的"肉"，而追求灵。耶稣至今对门徒说的一切话，都是灵和生命，所以祂切愿自己的门徒都能领受这些教训，得到生命，以至于永生。

不理解属灵的话语而离开耶稣的门徒

只是你们中间有不信的人。"耶稣从起头就知道谁不信祂，谁要卖祂。耶稣又说："所以我对你们说过，若不是蒙我父的恩赐，没有人能到我这里来。"从此，祂门徒中多有退去的，不再和祂同行。（6章64-66节）

犹太人不理解耶稣说的属灵的话语是理所当然的。不过，长时间与耶稣同工的门徒也未能听明白，而等到耶稣复活之后才得以领悟。耶稣从起头就知道门徒中惟独加略人犹大自始至终不信祂，并且卖祂，就说了此话，后来此话如实应验——犹大最终卖了自己的恩师，自取灭亡。

连那些被五饼二鱼的神迹所吸引而跟随耶稣的人们，也因不理解属灵的话语而离开了耶稣。因此耶稣又说："所以我对你们说过，若不是蒙我父的恩赐，没有人能到我这里来。"如今也是如此，偶尔可以看到因不肯遵行真理而离开教会的人。他们因从讲台上传出的神的道，比一切两刃的剑更快，甚至魂与灵，骨节与骨髓，都能刺入、剖开，就觉得难以忍受而离开教会。但他们若明白在神的道里面有永生和救恩，就不会离开教会。

你有永生之道，我们还归从谁呢？

> 耶稣就对那十二个门徒说："你们也要去吗？"西门彼得回答说："主啊，你有永生之道，我们还归从谁呢？我们已经信了，又知道你是　神的圣者。"耶稣说："我不是拣选了你们十二个门徒吗？但你们中间有一个是魔鬼。"耶稣这话是指着加略人西门的儿子犹大说的，他本是十二个门徒里的一个，后来要卖耶稣的。（6章67-71节）

当耶稣彰显奇事和神迹的时候，许多人前来作耶稣的门徒，并跟随耶稣，但因不领会属灵的话语而一个又一个离开耶稣，因为耶稣跟他们想象中的弥赛亚有一定的距离。此时耶稣的心情会如何呢？耶稣就对那十二个门徒说："你们也要去吗？"素来爱出风头的彼得，此时说出惊人的告白："主啊，你有永生之道，我们还归从谁呢？我们已经信了，又知道你是神的圣者。"

彼得在门徒中可谓大师兄，每当耶稣上路的时候，他总是跑在前头做向导。然而，这曾经告白耶稣是神的圣者，并且发誓永不离开耶稣的彼得，后来在耶稣被捕的那天晚上，却出于恐惧而三次不认主。然而，这不是出于他的本心，乃是因尚未领受圣灵，肉体软弱的缘故，不知不觉中做出了这样的举动。

耶稣预知自己所拣选的十二门徒当中，有一个人将要出卖袖。在此，我们应当明白一个教训：人不一定因为跟随耶稣，在袖身边听到许多真理之道，看见许多奇事和神迹就能得救。

加略人犹大起初作门徒的时候，怎能想到自己会出卖恩师。他学习了真理之道，也不遵行，反倒偷神的钱库，渐渐陷入罪恶的深渊。他顺着撒但的运行，犯罪作恶，耶稣便指着他说："你们中间有一个是魔鬼。"因此我们不能只停留在认识神道的水准，应当殷勤吃人子的肉，喝人子的血，活出真理，以至于永生。

第七章

住棚节的教训

耶稣暗暗地上耶路撒冷

耶稣以加利利为中心，将迦百农、伯赛大等北部地区作为祂开展圣工的主要舞台。这个地区外族色彩比较浓厚，因此耶稣在这里相对少受排斥，但在以耶路撒冷为中心的南部犹太地区就不同了，他们对耶稣逼迫甚大，甚至要捉拿杀害祂。

在住棚节之际

> 这事以后，耶稣在加利利游行，不愿在犹太游行，因为犹太人想要杀祂。当时犹太人的住棚节近了。（7章1-2节）

犹太人具有很强的民族自尊心，他们自以为彻底遵守神的律法，并且引以为豪。但耶稣却正面责备那些犹太的政治、宗教领袖——法利赛人和撒督该人，这引起了他们的反感。再说耶稣说祂自己是神的儿子，他们便以为耶稣是在亵渎神。耶稣面对这些人，时而用神的话语点醒他们，时而智慧地避开他们的迫害。

当然，一味地躲避不是神的旨意。使徒保罗明知自己上耶路撒冷会被犹太人捉拿，但因为那是神的旨意，所以甘心乐意地走那条道路。但以理和他的三个朋友也是为了遵守神的道，宁可被投进狮子坑中，或烈火的窑中，也没有妥协王命。如此，我们有时应当宁死不屈，遵行神的命令，有时则应当顺着神的旨意智慧地躲避。

大卫也在逃避扫罗的追杀途中，为了保住性命，甚至在亚玛力王面前装疯卖傻，因为他不能在神所定的时候还未到，就徒然放弃自己的生命。耶稣也从不随意行事，只是静默等待神的旨意，该躲避的时候躲避，凡事智慧行事。

当时犹太人的节日住棚节近了。住棚节又名收藏节，是缅怀纪念出埃及事件，向神献上感恩的节日。人们秋收完毕后，建造草棚或帐幕，在那里守节七日，纪念神将以色列百姓从埃及为奴之家领出来，并在旷野时常保守和引导他们。节日期间他们每天都要以公牛犊和公羊向神献祭（利未记23章33-43节），表示感恩。这是世世代代永远的的定例，如今延伸为秋收感恩节。

弟兄们前来劝勉耶稣

> 耶稣的弟兄就对他说:"你离开这里上犹太去吧,叫你的门徒也看见你所行的事。人要显扬名声,没有在暗处行事的,你如果行这些事,就当将自己显明给世人看。"因为连他的弟兄说这话,是因为不信他。(7章3-5节)

每到住棚节的时候,人们都要上耶路撒冷圣殿去。但住棚节快到了,耶稣仍无动身的迹象,他的弟兄们急了,就劝他上犹太去。他们希望耶稣能够上耶路撒冷去显现奇迹,得到百姓的支持。

"你离开这里上犹太去吧,叫你的门徒也看见你所行的事。人要显扬名声,没有在暗处行事的,你如果行这些事,就当将自己显明给世人看。"

弟兄积极地劝耶稣说:既然你所做的事是关乎万民的,就应当将自己显明给众人看,人要显扬名声,没有在暗处行事的。乍一听,此话很有道理,不过,人即便觉得自己的想法正确,但如果那个想法不合神的旨意,便与神毫不相干。正如箴言书16章1节所说:"心中的谋算在乎人,舌头的应对由于耶和华。"

其代表人物就是以色列的第一任国王扫罗。当神命他"击打亚玛力人,灭尽他们所有的,不可怜惜他们"时,他没有顺从神,就按照自己的意思而行,活擒敌国的王亚甲来,并带来了上好的牛羊,却说是为了献于神。话虽这么说,其实本心是要在百姓面前显耀自己的战绩，得百姓的称颂。于是神定意要弃绝这屡教不改，而且三番五次地悖逆神的扫罗。

耶稣的弟兄们也是因为人意当先，所以看着耶稣等待神所定时候，按兵不动，就心里着急。弟兄们之所以这么想，也是因为不信耶稣的缘故。他们哪怕是对耶稣有最起码的信赖，也不会说那样的话，反而会相信耶稣所做的事都是神的工，其中必有神的美意。而且不会只看现实的状况就轻率断言，相反会努力领悟其中的灵意。

信赖耶稣，无条件地顺服祂话语的人，必有明哲和远见。童贞女马利亚因明白耶稣是谁，所以能够在迦拿婚宴上吩咐用人照着耶稣所指示的去做。这样的马利亚一定是经常对自己的儿女，即耶稣的兄弟们教导这些真理。但他们没有信，只是到了耶稣复活升天之后才信。

耶稣表明自己的时候还未到

> 耶稣就对他们说："我的时候还没有到，你们的时候常是方便的。世人不能恨你们，却是恨我，因为我指证他们所作的事是恶的。你们上去过节吧！我现在不上去过这节，因为我的时候还没有满。"耶稣说了这话，仍旧住在加利利。（7章6-9节）

耶稣听见弟兄叫祂将自己显明给世人看，就对他说："我的时候还没有满。"看似答非所问，但此话中包含着深刻的意义。正如传道书3章1节所说"凡事都有定期，天下万务都有定时"，耶稣此言之意是：祂要在神所定的时候，将自己显明于世人，并要被捕受难，但现在不是。如果祂的弟兄有信心，耶稣会更详细地给他们解释，但因没有，也就罢了。

耶稣为走向灭亡的世人只做善事，但世人却恨祂。因为祂在仇敌魔鬼掌权的黑暗世界中传讲光明善道，所以不受世人的欢迎。

再加上耶稣指责人的恶，用善道教训人，恶人就感到扎心。他们因自己的恶被显露，况且自己不能像耶稣那样彰显神的荣耀，便嫉妒、憎恨耶稣。耶稣因为还没到向这样的人们显明祂自己的时候，就叫弟兄们先上去过节，祂自己仍旧住在加利利。

耶稣暗去耶路撒冷

> 但祂弟兄上去以后，祂也上去过节，不是明去，似乎是暗去的。正在节期，犹太人寻找耶稣，说："他在哪里？"众人为祂纷纷议论，有的说："他是好人。"有的说："不然，他是迷惑众人的。"只是没有人明明地讲论祂，因为怕犹太人。（7章10-13节）

弟兄们上去过节之后，耶稣暗中上了耶路撒冷。祂准确掌握该去的时候和该停留的时候，每迈一步都顺着神的指引。逢年过节，人们汇聚耶路撒冷，犹太人便开始寻找耶稣，因为他们料想耶稣也会来过节。众人对耶稣议论纷纷，或说祂是好人，或说祂是迷惑众人的。

:: 新约时代的耶路撒冷

其中有的因耶稣的行迹超人所能，就以好奇的目光看待祂；有的想方设法抓住耶稣的把柄进行亵渎毁谤。然而，善良的人则认定耶稣所行的都是善事、义举，只是因怕被犹太社会所排挤而不敢明说。

耶稣在圣殿显明自己的身份

耶稣传福音的时候，按照当时的状况采取了不同的方式。或在山上；或在野地；或使船稍微离岸，坐在其上，向着站在海边的群众布道。有时到个人家里；有时进入会堂传讲神的道；有时对个别的门徒，讲述奥秘的事。

我的教训乃是那差我来者的

到了节期，耶稣上殿里去教训人。犹太人就希奇，说："这个人没有学过，怎么明白书呢？"耶稣说："我的教训不是我自己的，乃是那差我来者的。人若立志遵着祂的旨意行，就必晓得这教训或是出于神，或是我凭着自己说的。人凭

着自己说，是求自己的荣耀；惟有求那差祂来者的荣耀，这人是真的，在祂心里没有不义。（7章14-18节）

七天的住棚节快过一半，耶稣上殿里去教训人。犹太人因耶稣解经、讲道样样精通，感到希奇。且因祂的话里满有权柄，胜过精通于律法的拉比而感到惊讶。再说祂也没有受过正规的律法教育，却对圣经运用自如，解其灵意准确无误，犹太人只能感到吃惊。

在对耶稣的教训感到惊叹的众人面前，耶稣将荣耀单单归给了神。祂身为神子，却将自己摆在仆人的位置，表明祂的教训都是从神来的。并且说"人若立志遵着祂的旨意行，就必晓得这教训或是出于神，或是我凭着自己说的"。耶稣的话一针见血，使一切争论成为多余。

即使是人的话，只要那是神所指使的，必会彰显奇异的功效。如今也是如此，如果一个主的仆人，神与他同在，我们应当把他口里所出的话当作神的话来领受，并且信从，这样必会经历到神奇妙的作为。"神的道是活泼的，是有功效的"（希伯来书4章12节），凡信而遵行的人必能得神的保障，蒙神赐福，经历到神大能的作为——病得医治、家庭和睦、成就家庭福音化等等。

求自己荣耀的人，喜欢显耀自己的功绩、得人的称赞。他们的双眼被私欲贪婪所蒙蔽，以强欺弱，论断定罪，唯利是图，注定不会有好的结局。

第二次世界大战的发动者和最大战犯希特勒，为了制造个人崇拜，甚至叫人敬礼的时候都要喊"希特勒万岁"，以示对他绝对忠诚，但最终还是与德国一同败亡。

与之相反，求神荣耀的人会造就众人，拯救灵魂。使徒保罗毕生为神的荣耀而舍己献身。他身为外邦人的使徒，行大权能，归荣耀于神，拯救了无数的灵魂。他在侍奉耶稣基督的道路上尽心尽意，至死忠心，因而能够坦然地向众人说："你们该效法我。"这绝不是夸耀自己，乃是叫人效法他，就像他效法耶稣基督一样。

耶稣也只求神的荣耀，从来没有高举自己，丝毫不求自己的益处。祂在行五饼二鱼神迹的时候也望天祝谢，以示此神迹乃是从神来的（马可福音6章41节）。祂在使拉撒路复活的时候，也举目望天向神祷告，并将荣耀归给了神。祂甘愿成为神作工的器皿，一心见证永活的真神，传扬神的旨意。神因喜悦这样的耶稣，完全保障祂口里所出的话，借以使神自己的名大得荣耀。

你们为什么想要杀我

> 摩西岂不是传律法给你们吗？你们却没有一个人守律法。为什么想要杀我呢？"众人回答说："你是被鬼附着了，谁想要杀你？"耶稣说："我作了一件事，你们都以为希奇。
>
> (7章19-21)

摩西在出埃及的时候在西奈山上所领受的律法中包含着神的心意，如："要孝敬父母、不可杀人、不可奸淫、不可做假见证"等。这些律法的本意是：叫人理解和宽恕所有的人，施仁爱、恩慈和怜恤于众人。

然而，当时的犹太人却擅自利用律法，作为定罪的砝码，甚至用来批判耶稣的善行。因耶稣在安息日医治三十八年的病人，他们就想要杀祂。神迹显现，神的名得到荣耀，应当一同欢喜快乐，他们却认为耶稣在安息日作工，是触犯了神的律法，就企图杀害祂。

耶稣知道他们险恶用心，就对他们说："你们却没有一个人守律法。为什么想要杀我呢？"这是在点醒他们说：神赐律法的本意是叫人行善，你们却把它用作杀人的工具。因为正确认识律法并且遵守的人是绝不会做出这种行动。

犹太人不明白此话的灵意，反倒说耶稣附鬼了，因为他们不曾公开要杀害祂。犹太人就认为耶稣得了"被害妄想症"，然而他们实际上早已对耶稣心存杀意（约翰福音5章18节）。在这段对话中充分显露了他们心里的恶。他们尽管不明白耶稣言中之意，却顺着人意，做出恶意的论断，对耶稣进行污蔑，说祂被鬼附了。

犹太人不理解耶稣在安息日医病的行为，便按照自己的想法去论断耶稣，并以为希奇。于是耶稣就以他们安息日行割礼的事作为比方点醒他们。

提到安息日行割礼事

摩西传割礼给你们(其实不是从摩西起的,乃是从祖先起的),因此你们也在安息日给人行割礼。人若在安息日受割礼,免得违背摩西的律法,我在安息日叫一个人全然好了,你们就向我生气吗?不可按外貌断定是非,总要按公平断定是非。"(7章22-24节)

"割礼"是割除出生第八天的男婴生殖器表皮的仪式,相当于如今的包茎手术。割礼始于亚伯拉罕(创世记17章10-14节),是神与亚伯拉罕立祝福之约的记号,不受割礼者要从神的百姓中被剪除,且得不到所应许的祝福。

即便是摩西这位身负引领以色列百姓出埃及之大使命的人,神也曾因他未受割礼的缘故,想要杀他(出埃及记4章24-26节),因为被神重用的人应当比谁都完全、无可指摘。神就是采取这种严厉的方式,提醒摩西要在神面前不可有一点罪墙。犹太人将摩西的经历作为"他山之石",将割礼的重要性铭刻在心。从亚伯拉罕时代直到耶稣时代,历经了两千年的漫长岁月,可他们仍旧保持传统,注重割礼,甚至在安息日也毫无顾虑地行割礼。

耶稣对犹太人说:"你们既然认为在安息日行割礼是可行的,那么也应当容许人在安息日行善。"耶稣并没有对那些因祂在安息日医治病人而表示强烈不满的犹太人感到不理解或郁闷,而以割礼的比方, 耐心点醒他们。耶稣提醒他们"比律法更重的是怜恤与仁爱"的道理, 并嘱咐他们"不可按外貌断定是非, 总要按公平断定是非"。

撒母耳记上16章记载着这样一个情形: 当撒母耳看见耶西的长子以利押, 就要用膏油膏他为王的时候, 神对撒母耳说: "不要看他的外貌和他身材高大, 我不拣选他, 因为耶和华不象人看人, 人是看外貌, 耶和华是看内心。"

参透神心的耶稣也不取人的外貌, 而看人的内心 (雅各书2章1-4节)。因此, 耶稣向将律法作为论断定罪之手段的犹太人嘱咐说: "总要按公平断定是非。"

按外貌判断定是非的人们

> 耶路撒冷人中有的说: "这不是他们想要杀的人吗? 你看他还明明地讲道, 他们也不向他说什么, 难道官长真知道这是基督吗? 然而我们知道这个人从哪里来; 只是基督来的时候, 没有人知道祂从哪里来。"(7章25-27节)

耶稣问众人说"你们为什么想要杀我呢?"此话揭穿了犹太人险恶用心, 犹太人矢口否认, 并污蔑耶稣是因被鬼附说胡话。此时, 耶路撒冷中有人开口印证犹太人想要杀害耶稣的事实。耶稣之言的真实性居然通过第三者得以印证。

如此，只要我们走正道，就不怕被人冤枉，受委屈，因为公义的神必使真相大白，给我们洗雪冤屈（诗篇37篇6节；阿摩司书5章24节）。因此，器皿大的人不会为了证明自己的清白去与人辩论或争竞，而是将一切交托于公义全能的神。

然而，证明耶稣之言的第三者也是跟那些想要捉拿耶稣的人同类。此人抱怨说：尽管耶稣明明地讲道，当局却不闻不问，不采任何措施，不把这个罪人捉拿归案。戴着绿色眼镜看世界，一切都是绿的。同样，他们带着负面情绪和否定意念看耶稣，自然把祂看成是一个罪人。人若用善心和真理的心去领受耶稣的话语，必会深受感动，并且忏悔和改变。但若以自己的情绪或想法去揣摩，就只能产生论断和定罪，以致触犯大罪。

"难道官长真知道这是基督吗？" 第三者问完这句话，又接着说："然而我们知道这个人从哪里来。"意思是：我知道耶稣是约瑟所生，所以耶稣既不是神，也不是神的儿子。他还说："只是基督来的时候，没有人知道祂从哪里来。"从中可以看出他对弥赛亚的认识非常肤浅。

那么，至于基督从哪里来，真的无人知道吗？

对基督，即弥赛亚的降生时期，圣经上没有明确的记录。当时的律法学者或文士也很难靠那几段经文去确定弥赛亚来临的时期（但以理书9章25节；玛拉基书3章1节），为此他们之间也出现很多争议。有的甚至认为弥赛亚会以超自然的神秘的位格忽然显现。然而，即便难知弥赛亚确切的诞生时期，但借着圣经中的预言，人们完全可以辨认弥赛亚。

弥迦书5章2节："伯利恒以法他啊，你在犹大诸城中为小，将来必有一位从你那里出来，在以色列中为我作掌权的；祂的根源从亘古，从太初就有。"照此预言，耶稣果然出于犹大支派，降生于伯利恒。

耶稣时代的犹太人也知道弥赛亚要生于伯利恒。马太福音2章1-6节有这样的记载：希律王从东方的博士们听见"犹太人之王"降生的消息，就因害怕自己的王位被夺走，企图杀害那孩子。他就召齐了祭司长和民间的文士，问他们说："基督当生在何处？"他们就引用弥迦书的预言回答说是在犹大的伯利恒。

申命记18章18节预言：人们将把耶稣当作先知；以赛亚9章1节预言：耶稣的传道生涯始于加利利。除此之外，包括以赛亚书53章，圣经处处记载着与耶稣相关的预言（撒加利亚书9章9节；耶利米书23章5、6节；以赛亚书9章6、7节）。除了这些预言以外，耶稣所行的权能和从祂口中所出的真道，也能充分印证祂就是弥赛亚。

另外，公义又虔诚的西面、一辈子在圣殿禁食祷告等候弥赛亚的女先知亚拿、心地善良的牧羊人，以及东方的三个博士认出了弥撒亚（路加福音2章；马太福音2章1-11节）。他们有的受圣灵的指示，有的蒙天使的启示，来朝拜圣婴耶稣，并将荣耀归于神。由此看来，那些口称"基督来的时候，没有人知道祂从哪里来"的显然不是属神的人，因为弥赛亚显在眼前，他们也未能认出来。

我来并不是由于自己

> 那时，耶稣在殿里教训人，大声说："你们也知道我，也知道我从哪里来；我来并不是由于自己，但那差我来的是真的，你们不认识祂。我却认识祂，因为我是从祂来的，祂也是差了我来。"他们就想要捉拿耶稣，只是没有人下手，因为祂的时候还没有到。但众人中间有好些信祂的，说："基督来的时候，祂所行的神迹岂能比这人所行的更多吗？"（7章28-31）

犹太人了解耶稣的出生地及其家世，但这不过是属肉的层面。耶稣先肯定他们说的话，然后申明自己是从神来的。

首先祂说："你们也知道我，也知道我从哪里来"，这里所谓"知道"有两种意义。一是属灵方面的知道：凡从灵里领悟耶稣所讲之言的人，都知道并相信祂是奉神差遣的基督、神子；二是属肉方面的知道：只知道耶稣是木匠约瑟的儿子，犹太人所知道的仅限于此。

耶稣说祂来不是由于自己，乃是奉神差遣，且说那差祂来的是真的。"我来不是由于自己"是表明祂是从天父来的。太初与神同在的耶稣，为了拯救因罪而注定死亡的人类，奉神的旨意来到这世界。

又说"但那差我来的是真的"，这里所谓"真的"是指神的属性，即指灵、生命、不腐朽而永恒不变的。因为这样信实的神用其大能与耶稣同工，所以在耶稣身上至今彰显了无数的奇事和神迹。

耶稣接着说"你们不认识祂，我却认识祂"。很多人因为透过各种传媒经常见到总统，就说"我认识总统"。可是总统却不全认识他们。我认识总统，总统也认识我，这才算是我和总统有交情，也可算是真正认识总统。于此同理，我们若说认识神，却不与神相交，这就不能算是真正意义上的认识神。"与神相交"的意思是我们在光明中行，遵行神的道（约翰一书1章7节）。然而，犹太人却不这样。耶稣说他们不认识神，因为他们从未见过神，而且是非亲眼所见就不肯信的属肉的人。然后耶稣说祂自己认识神，因为祂是神所差来的，也是奉神的旨意来的。

于是在殿里听他教训的人呈现不同的反应。一部分人认为祂是在亵渎神，想要捉拿祂，只是无人下手，因为神所定的时候还没有到。反之，以肯定的眼光看待耶稣的也大有人在。因为耶稣不只是口头上说"我是真的，你们要信我"，而也用奇事和神迹证实祂所说的话，以及神与祂同在事实，给人充分提供可信的凭据。

耶稣医治了百姓各样的病症——医好38年的病人，也使瞎子看见，耳聋的听见；祂也曾彰显变水为酒、用五饼二鱼使五千人得饱、在水上行走等大能神迹。许多人因听闻或亲历此事，就信了耶稣，所以在此说："基督来的时候，祂所行的神迹岂能比这人所行的更多吗？" 如此，心地善良的人即便不清楚其底细，也用善心去观望耶稣所行的事。

欲要捉拿耶稣的犹太人

耶稣行大权能，众人都惊奇，归荣耀于神说："有大先知在我们中间兴起来了！"又说："神眷顾了祂的百姓！"（路加福音7章16节）但并非所有的人都持有这种态度，尤其犹太人甚至想要捉拿耶稣。

祭司长和法利赛人

法利赛人听见众人为耶稣这样纷纷议论，祭司长和法利赛人就打发差役去捉拿祂。于是耶稣说："我还有不多的时候和你们同在，以后就回到差我来的那里去。你们要找我，却找不着；我所在的地方你们不能到。"犹太人就彼此对问说："这人要往哪里去，叫我们找不着呢？难道他要往散住希腊中的犹太人那里去教训希腊人吗？他说'你们要找我，却找不着；我所在的地方，你们不能到'，这话是什么意思呢？"（7章32-36节）

耶稣成为众人关注的焦点，群众的议论声传到祭司长和法利赛人耳中。这里"祭司长"是指大祭司，是惟一一年一度进入至圣所替百姓献祭的祭司长的首领，是最高的宗教领袖，也是行使政治权力的政治领袖。祭司长和法利赛人难以容忍宣告自己是奉神差遣者的耶稣，便打发差役去捉拿耶稣。

在这种危机的状况中，耶稣堂堂正正地宣告不久祂就要回到差祂来的神那里去。此话所包含的意义是：祂不长远留在这地上，而在神所定的时候要背负十字架受难，并且死而复活，升天，坐在神宝座右边。然而，犹太人，即法利赛人和文士却反而嘲笑耶稣。

法利赛派是犹太教诸多派别之一，从主前（公元前；下同）一世纪开始兴起。管属于这派的犹太人叫做法利赛人。他们相信天使的存在和死人复活，严守犹太教的律例规条。耶稣严厉责备他们说是"假冒为善的人"、"有祸了"。因为他们不离弃心中的恶，假装圣洁，如同粉饰的坟墓。

文士是指讲解律法的人。将律法作为犹太主义核心理念的运动，自犹太人从巴比伦被掳归回的时代开始，在以色列油然兴起。从那时起，讲解和普及律法的教师发挥举足轻重的作用。他们在

住棚节的教训

口传的律法，即"古人的遗传"的基础上建立了自己的权威，自然抵触只照神的旨意讲解圣经的耶稣。因为耶稣讲道满有权柄，对他们的权威构成了威胁。

从而，犹太人不理解耶稣的话，继续动用肉体的想法做出离谱的解释。他们想："他说他要到我们找不着的地方，难道他要往散住希腊中的犹太人那里去教训希腊人吗？"耶稣从未说过祂要到希腊，也根本没有那种意图，他们却胡乱臆测和论断。

那么，他们既然是研究并传讲神道的人，却为何不理解耶稣说的话呢？

因为他们属乎肉体，以世上的智慧和学问当先，视自己的知识、想法和经验为至上，便无法得见神，因为神就是灵（罗马书8章5-8节）。他们因为被限制在与神为仇的肉体之意念中，所以未能认出耶稣。

耶稣关乎圣灵的应许之言

节期的末日，就是最大之日，耶稣站着高声说："人若渴了，可以到我这里来喝。信我的人，就如经上所说'从他腹中要流出活水的江河来'。"耶稣这话是指着信祂之人要受圣灵说的，那时还没有赐下圣灵来，因为耶稣尚未得着荣耀。（7章37-39节）

对于一个走在烈日炙烤下的沙漠，渴得嗓子冒火的人来说，清凉的一口水定会重过千金。但这不过是肉体的干渴，人还有另一种干渴，那就是属灵的干渴。耶稣所说的"渴"，就是这属灵的干渴。

属灵的干渴分为两种：一是恶人的干渴。恶人渴于恶，他们马不停蹄地追寻恶事，毕生不得安宁。以色列第一任国王扫罗，在作王之前是一个谦卑的人。但他登上王位之后变得骄傲顽梗，抗拒神的命令。自从他得知神膏合祂心意的大卫为王之后，就为了保住自己的王位，终日惶惑不安，倾其毕生精力追杀大卫。他因着自身的恶，自找苦吃，经受烈火焚心之痛苦。

然而，善人的干渴则与之相反。义人寻觅诚实无伪的朋友；渴望结交恒心不变，腹心相照的仁人。而且期愿与父母和儿女之间，夫妻之间建立信赖关系。他们的心灵饥渴慕义，对仁爱、信心、诚实、喜乐如饥似渴。

在耶路撒冷过住棚节的耶稣，在节期的末日向众人放胆高声说："人若渴了，可以到我这里来喝。"并且说："信我的人，从他腹中要流出活水的江河来。"这里所谓"活水的江河"是指信的人所要领受的圣灵。接待耶稣，领受圣灵的人，其饥渴慕义的灵魂会得以饱足。这就是"从他腹中要流出活水的江河来"的灵意。

耶稣成为众人争论的焦点

众人听见这话，有的说："这真是那先知。"有的说："这是基督。"但也有的说: "基督岂是从加利利出来的吗？经上岂不是说'基督是大卫的后裔，从大卫本乡伯利恒出来的'吗？"于是众人因着耶稣起了纷争。其中有人要捉拿祂，只是无人下手。（7章40-44节）

众人对耶稣议论纷纷，有的说祂是先知、有的说祂是基督，有的则持否定的态度，说："基督岂是从加利利出来的吗？"

各人之所以呈现不同的反应，是因为有的用属灵的眼光去看耶稣，有的则照着自己的框框去评价耶稣。前者接受耶稣为救主，后者，即按照自己有限的知识去衡量耶稣的人，则未能看清耶稣真面目，反倒持怀疑的态度。他们以历史知识或历史背景为依据，断定基督不会出自加利利。

加利利是以色列北部地区，过去多次受到外邦民族的侵略，因而具有浓厚的外族色彩。因此以赛亚书9章1节称加利利为"外邦人的加利利"；在约翰福音7章52节中法利赛人说："……你且去查考，就可知道加利利没有出过先知。"他们因按照自己的知识和意念的框框去揣度，便得出这样的结论：像加利利这样卑贱的地方是不会出拯救以色列的伟大基督。他们动用自己的知识塑造出弥赛亚的形像，并借以衡量耶稣，便难以明白属灵的真相。

当时以色列百姓心目中的弥赛亚是能够将他们从罗马的压制中解放的政治、军事领袖。因此在他们看来耶稣根本不够他们的期望值。在他们眼里，耶稣不过是一个穷木匠的儿子，一点都不像拯救以色列的王。

于是他们以圣经中有关弥赛亚的预言——"基督从伯利恒出来"为依据，否认耶稣。

耶稣照着预言生在伯利恒，长在拿撒勒。可是众人只知道耶稣是拿撒勒人。他们因凭着人意去思考，便难以认清事实。众人对耶稣的观点彼此产生分歧，便起了纷争。其中有人要捉拿他，只是无人下手，因为神所定的时候还没有到。

你们为什么没有带他来呢

> 差役回到祭司长和法利赛人那里，他们对差役说："你们为什么没有带他来呢？"差役回答说："从来没有像他这样说话的。"法利赛人说："你们也受了迷惑吗？官长或是法利赛人岂有信他的呢？但这些不明白律法的百姓是被咒诅的。"（7章45-49节）

奉祭司长和法利赛人之命，前去捉拿耶稣的差役，听了耶稣的话就觉得此人非同寻常，因为从祂的言语中感受到权柄和能力。再加上耶稣所做的事都是无可指摘，差役只好置主人的命令于不顾，放弃捉拿耶稣的行动。祭司长和法利赛人看到差役无果而归，就怒气冲冲地责问说："你们为什么没有带他来呢？"

在大发列怒的主人面前，差役竟然回答说："从来没有像他这样说话的。"其实在差役的立场上看，捉拿耶稣并非易事，因为耶稣周围时常有很多人聚集，因此他们可以编造一些其它理由来应付主人的责问，可他们却堂堂正正地说出真实的原由，可见他们听了耶稣的话受到极大的感动。

听了差役的汇报，法利赛人更是恼火，以激昂的口气狠狠地斥责差役说："你们也受了迷惑吗？"并问高层官员或是他们的法利赛人中有没有受迷惑而信耶稣的。他们对自己"高贵"的身份感到骄傲，总觉得自己比那些无学问而平庸的百姓高人一等。他们认为如果官长或法利赛人中有信耶稣的，此人就是受迷惑的人、不懂律法的愚昧人。

法利赛人论断信从耶稣的人，以至于用恶言诽谤他们是"被咒诅的人"。他们说此话是引用了申命记27章26节的经文："'不坚守遵行这律法言语的，必受咒诅！'百姓都要说：'阿们！'"他们虽然自以为比谁都精通律法，却反而歪曲神的道。

法利赛人对律法的热心比谁都高涨，他们不仅严守传统的律法规条，还甚至将口传律法（对成文律法的口头解释）倒背如流，潜心研究。凡与自己观点略有分歧的，他们都视为对律法无知的愚昧人，并咒诅他们。

然而，实际上真正受咒诅的是他们。他们因着自己偏狭的观念和高傲的心态，未能相信耶稣而走向灭亡。主后（公元后；下同）70年，耶路撒冷覆灭之后，犹太人被迫逃离自己的家园，散居各国。他们在之后的长久岁月中受到其他种族的残忍的迫害。

罗马书12章14节说："逼迫你们的，要给他们祝福，只要祝福，不可咒诅。"心里充满良善和真理的人是不会口出伤人的言语，也不会揭露别人的短处。他们不计算人的恶，不喜欢不义，口里只出善美的言语和造就人的话。耶稣虽然具有审判世界的权柄和能力，但从来没有随意咒诅任何一个人。

尼哥底母辩护耶稣

> 内中有尼哥底母，就是从前去见耶稣的，对他们说："不先听本人的口供，不知道他所作的事，难道我们的律法还定他的罪吗？"他们回答说："你也是出于加利利吗？你且去查考，就可知道加利利没有出过先知。"（7章50-52节）

尼哥底母看到法利赛人用各种恶言给信耶稣的人定罪，就挺身而出指出他们的偏见和错谬。他用犀利的言辞点醒法利赛人的偏见和傲慢。他虽也是法利赛人，但他有别于其他人，他为人正直，极力凭着善心遵守律法。

法利赛人因着尼哥底母突如其来的发言感到惊慌失措。他们面对尼哥底母犀利而深刻的指责无话可驳，只是挖苦说："你也是出于加利利吗？你且去查考，就可知道加利利没有出过先知。"他们说耶稣是加利利人，是为了贬低袘。他们试图以这种方式掩饰自己的困窘和尴尬，给自己挽回一些面子。

当然他们其实也知道耶稣并没有生于加利利，但因被尼哥底母富有逻辑和说服力的发言所驳，理屈词穷，便如此强词夺理。最终他们结束对耶稣的争论，不欢而散，拘捕耶稣的阴谋也没有得逞。在善良和诚实的人面前，虚谎必然原形毕露。因为属善的智慧是属神的，所以具有制服黑暗，驱逐黑暗的威力。

第八章

真理必叫你们得以自由

1. 耶稣饶恕行淫的妇人 (8:1-11)

2. 耶稣对犹太人说的话 (8:12-30)

3. 真理里面的自由 (8:31-47)

4. 欲用石头击打耶稣的犹太人 (8:48-59)

耶稣饶恕行淫的妇人

有一天彼得问耶稣说："主啊，我弟兄得罪我，我当饶恕他几次呢？到七次可以吗？"（马太福音18章21-22节）他以为一个人能饶恕别人七次，就已经是极大的宽容。然而，耶稣的回答却超乎人的想象：

"我对你说：不是到七次，乃是到七十个七次。"

这不是叫人饶恕别人到四百九十次。"七"是代表完全的数字，因此"七十个七次的饶恕"是指完全的饶恕，即无限的饶恕。耶稣毕生行善，赐人生命，饶恕注定死亡的罪人，将神的大爱显于众人。

文士和法利赛人带来行淫时被拿的妇人

于是各人都回家去了，耶稣却往橄榄山去。清早又回到殿里，众百姓都到祂那里去，祂就坐下教训他们。文士和法利赛人带着一个行淫时被拿的妇人来，叫她站在当中。就对耶稣说："夫子，这妇人是正行淫之时被拿的。摩西在律法上吩咐我们，把这样的妇人用石头打死。你说该把她怎么样呢？"（8章1-5节）

耶稣结束住棚节讲道，晚间上了橄榄山。橄榄山位于耶路撒冷以东，因周围遍长橄榄树而得名。站在橄榄山高处远眺，耶路撒冷的城市风貌尽收眼底。耶稣曾在此山上讲论天国的福音，预言将来的事，并且哀痛流泪。此山处处遍布着耶稣的足迹，是具有深远意义的场所。

此处，在以色列历史上也具有重要的意义。撒加利亚书14章1-5节提到弥赛亚将站在此地；以西结先知在异象中看到耶和华的荣耀从城中上升，停在橄榄山上。橄榄山山脚下有客西马尼园，是耶稣经常祷告的地方。耶稣在受十字架刑罚前夕，就在此处，祂极其伤痛，恳切祷告，汗珠如大血点，滴在地上。

耶稣夜里在橄榄山上祷告，清早又回到殿里。祂正坐在那里教训百姓的时候，突然周围喧闹起来，接着文士和法利赛人挤着人群将一个行淫时被拿的妇人带到耶稣面前。他们叫那妇人站在

:: 位于耶路撒冷东边的橄榄山

当中，就对耶稣说："夫子，这妇人是正行淫之时被拿的。"当时，按照摩西的律法，凡行淫的，无论男女都要治死（利未记20章10节）。文士和法利赛人主张依此律法处治这妇人。罪行被公之于众的妇人，因惭愧和死亡的恐惧而战战兢兢。然而他们根本不把这妇女的生命放在眼里，反而因得着试探耶稣的机会而沾沾自喜，得意扬扬。

谁无罪谁就可以先拿石头打她

他们说这话，乃试探耶稣，要得着告祂的把柄。耶稣却弯着腰用指头在地上画字。他们还是不住地问祂，耶稣就直起腰来，对他们说："你们中间谁是没有罪的，谁就可以先拿石头打她。"于是又弯着腰用指头在地上画字。（8章6-8节）

他们对许多人跟从耶稣心存危机感。耶稣的训诲满有能力，与之相比，他们根本不值一提。再加上受到耶稣的责备，作为百姓的领导者，有些招架不住了。越是这样，他们对耶稣的反感情绪日益膨胀，以致千方百计地寻找陷害耶稣的把柄。恰巧，这次现场捉获了行淫的妇女，他们就庆幸试探耶稣的机会终于来了。

醉翁之意不在酒，他们所关心的不是向行淫的妇女问罪，乃是要从耶稣处理此事的答辩中得着告祂的把柄。他们事先估计耶稣的反应，打好如意算盘——依耶稣平时的教导来看，祂肯定会表态不要用石头打她。如果耶稣说要施爱于她、宽恕她，就等于否认摩西的律法，他们就能得着控告的把柄。对他们而言，否认律法是敌对神言的重罪。因此，这又是他们依照律法控告耶稣的绝好机会。

就算耶稣出乎预料地说：要照着摩西的律法将那女人用石头打死，也是能够抓住把柄的好机会，因为这与祂平常倡导宽恕的教导相悖，自相矛盾。他们充分估计好耶稣将陷入这般进退两难的境地，便故意提出这样的质问，并认为耶稣已经中了他们的圈套。

面对他们的追问，耶稣却一言不答，突然弯着腰，用指头在地上画字。周围顿时鸦雀无声，耶稣又直起腰来巡视众人说："你们中间谁是没有罪的，谁就可以先拿石头打她。"说完又弯着腰，用指头在地上画字。而后发生什么事呢？

众人受良心的谴责

> 他们听见这话，就从老到少一个一个地都出去了，只剩下
> 耶稣一人，还有那妇人仍然站在当中。（8章9节）

聚在那里的人，一个一个地出去了。得意扬扬的文士和法利赛人，还有那些为了看热闹而聚来的人们，似乎也因感到惭愧而悄然走开。耶稣在地上写的到底是什么，竟如此令人受良心的责备呢？写的就是指出他们罪的内容。

耶稣参透万事，连人暗中所犯的罪也了如指掌。祂将聚在那里的众人普遍的罪逐一写下去，仿佛曾经亲眼所见他们犯罪的情形。那么，耶稣行这事，为何不用口述的方式，而用在地上画字的方式呢？为的是免得其内容记录在圣经中，因为这是神的旨意。

神告诫我们不可对他人猜测、论断和定罪。如果耶稣一一指出各人的罪，并记录在圣经中，就会成为祂曾定他们罪的依据。于是耶稣没有一一说出他们的罪名，只是写在地上，以免留下证据。

于是，那些谴责别人的过犯，兴师问罪的人们，醒悟到他们也是该用石头打死的罪人。惭愧之余，众人悄然走开，只剩耶稣和那妇人。

耶稣因着慈爱给妇人回转的机会

> 耶稣就直起腰来，对她说："妇人，那些人在哪里呢？没有人定你的罪吗？"她说："主啊，没有。"耶稣说："我也不定你的罪。去吧！从此不要再犯罪了。"（8章10-11节）

控告妇人的众人，因受到良心的谴责，一个一个走开了，只剩妇人仍旧站在当中，耶稣就对她说："我也不定你的罪。去吧！从此不要再犯罪了。"

对因羞愧和恐惧而战兢的妇人而言，耶稣的这句话如同一道生命之光。这里"不定罪"意味着赦罪。那么，耶稣为何不照律法定那妇人的罪，反而予以饶恕呢？因为神是公义和慈爱的神。

按照律法治罪，妇人必死无疑，可耶稣通过饶恕，给她一个悔改的机会。神差遣独生子耶稣到这世界，目的不在于审判罪人，使其灭亡，而在于使罪人悔改，得到永生（约翰福音3章17节；12章47节）。于是，耶稣在饶恕妇人的同时嘱咐她不要再犯罪。耶稣医治毕士大池边38年的病人之后，也曾对他说："你已经痊愈了，不要再犯罪，恐怕你遭遇的更加利害。"

耶稣在饶恕人的罪的同时，强调要远离罪恶，做到真正的悔改。犯罪成性，知而故犯，悔而又犯，这不是真正的悔改。无论犯了什么样的罪，重要的是迅速回转，遵行神道。

耶稣对犹太人说的话

祭司长和法利赛人经常对耶稣阴险地发出设有陷阱的问话，以便抓住祂的把柄。例如：问怎样处置行淫的妇人；问纳税给凯撒可以不可以等等。甚至他们商议怎样就着耶稣的话陷害祂（马太福音22章15节）。

每当那时，耶稣都以出乎意料的智慧的回答，躲开他们的陷阱，并用真理点醒他们。无论在任何状况下，耶稣作为神子、照亮世界的真光，单单遵行神的旨意，以爱成全了律法。

我是世界的光

耶稣又对众人说："我是世界的光。跟从我的，就不在黑

真理必叫你们得以自由

暗里走，必要得着生命的光。"法利赛人对祂说："你是为
自己作见证，你的见证不真。"（8章12-13节）

光有照亮黑暗的能力。有光，黑暗便会退去；光可掌控黑暗。约翰一书1章5节说："神就是光。"故耶稣也是光，因为祂与神原为一。耶稣不单纯称自己为光，而称为"世界的光"，是要表明这个世界处在黑暗之中，并且表明祂就是光，惟有祂具有驱走世界之黑暗的能力。

那么，为何说世界处在黑暗之中呢？约翰一书2章15-16节说："不要爱世界和世界上的事。人若爱世界，爱父的心就不在他里面了。因为凡世界上的事，就象肉体的情欲，眼目的情欲，并今生的骄傲，都不是从父来的，乃是从世界来的。"

"肉体的情欲"是指人欲要违背神旨意而犯罪的属性，即人心里犯罪的欲望，包括：懒惰、奸淫、邪荡、仇恨、猜忌、嫉妒、贪婪、背后议论等等。人若不除去肉体的情欲，其早晚都会发作，以至显为罪行。例如：人若心里有贪心，只要见到特别喜欢的东西，哪怕是借钱也要把它买到手，甚者会进行偷窃。

"眼目的情欲"是指因着眼看、耳听某些事物而心里摇动，并要追求的属性。我们偶尔听到这样一些新闻，说的是某人，或某犯罪团伙看到暴力影片之后，进行"模仿犯罪"。这都是人因着看暴力片，心里产生我也想尝试的冲动，即发生眼目的情欲，以至犯下了罪行。

"今生的骄傲"是指人因贪图世俗的享乐，夸耀自己的属性。爱显耀自己的家世、学历和能力是人普遍的属性。上述的这一切都是来自管辖这幽暗世界的仇敌魔鬼。因此，爱世界和世界上的事，放纵情欲的人，必然受神的审判，以至于永远的死亡。

　　反之，"光"是与黑暗相对的概念，是生命、真理、神的道。如同光明照亮黑暗，曾活在罪孽中的我们，在神道的光照下，得以醒悟罪、义和审判，得以走上真理、生命和仁义的道路。因此耶稣说："跟从我的，就不在黑暗里走，必要得着生命的光。"意思是：凡遵行耶稣的教导，脱离黑暗，进入光明，活出神的话语的人，都能得着永恒的生命。

　　"光"又代表着基督馨香之气。脱离黑暗，活在光明中的人，能够将人引入光明和真理里面（马太福音5章14-15节）。如同怡人的花香招蜂引蝶，生命的真光吸引爱慕真理的人。

　　一听耶稣说自己是世上的光，法利赛人就非难祂说："你是为自己作见证，你的见证不真。"当时在以色列法庭审判中，证人的陈述对判决起到极其重要的作用。一旦证人作假见证的事被暴露，证人要承受被告当受的刑罚。

　　证人需要提供真实的证词，担负着重要的责任。证人需要在被告和原告之间提供客观的证词，因而一般情况下只允许由第三者充当证人，为的是要获得没有介入个人感情的公正、可靠的陈述。

　　法利赛人反驳耶稣的见证也是出于这个缘由。不过，在耶稣传道圣工初期，认识耶稣的人并不多。虽然施洗的约翰预备耶稣的道路，但他没过多久就被希律斩首而离世。况且因圣灵还没有降下来，所以无人能够认识耶稣，作耶稣的见证。于是耶稣在传播天国福音的同时，亲自为自己见证，表明自己是神的儿子。

我从不判断人

> 耶稣说："我虽然为自己作见证，我的见证还是真的，因我知道我从哪里来，往哪里去；你们却不知道我从哪里来，往哪里去。你们是以外貌(原文作"凭肉身")判断人，我却不判断人，就是判断人，我的判断也是真的，因为不是我独自在这里，还有差我来的父与我同在。(8章14-16节)

人们往往不信守自己的诺言，因此以己度人，以为对方也会如此。因此，当听到有人说"我是如何如何的人"，就不肯相信。为了确定对方的真实性，还要去了解他的身世或业绩。

耶稣的言语无不真实，祂将自己所看见的如实地传于众人。祂将自己从神来的事实告知众人，并给众人指明救恩之路，而且用无人能行的奇事和神迹证实自己口里所出的话。祂的见证还体现在凡信祂的人都获得新生；凡从祂领受赦罪之恩的人，都摆脱疾病和软弱。祂也知道自己的来历，也知道自己的去处；祂知道初始和终了；也知道万物的本源；也预知所有事情的过程与结果。

然而，法利赛人既不知道耶稣是从哪里来的，也不知道祂为何来到这个世界。他们反倒以自己的知识和理念为准绳去衡量耶稣的属灵话语，便百思不得其解，于是他们自作审判官，对耶稣进行肆意的论断、定罪和亵渎。

耶稣准确指出他们的症结在于凭肉身（以原文为准）判断人。"凭肉身判断人"是指凭着人外在条件判断其人品和器皿，即指单凭人的外表形像或所具备的条件及别人的话去断定其人品好坏。

法利赛人因只看行淫的妇女其表面的行为，就下了照着律法用石头打死她的结论。他们对那个妇女有何难处，其生存处境如何漠不关心。他们重视律法胜似重视人，认为审判比怜爱和宽恕更有价值，更为正义。如此，属肉体的人因为凡事以自己的观念或想法去衡量，所以只能产生错误的判断和恶果。

与此相反，耶稣的判断都是真的。耶稣是道成肉身，降世为人的救主，祂本为道，本为真理，故祂的判断自然都是真的。耶稣的判断真确的另外一个缘由是：神与祂同在，正如祂所说"差我来的父与我同在。"耶稣之所以这么说是因为祂虽然足有判断的能力，但判断万物的审判者只有一位，那就是神。

耶稣降世的身份不是审判者，乃是背负世人罪孽的救世主。祂要背负十字架，代替罪人当受的一切咒诅，所以祂没有说：我是神本体的真像，所以我的判断都是真的。假如祂说"我就是神，我的判断是真的"会如何呢？耶稣预料他们会作出何种反应，便以智慧的言语予以答复，免得他们误解或为之跌倒。

真理必叫你们得以自由

若是认识我，也就认识我的父

你们的律法上也记着说：'两个人的见证是真的。'我是为自己作见证，还有差我来的父也是为我作见证。"他们就问祂说："你的父在哪里？"耶稣回答说："你们不认识我，也不认识我的父；若是认识我，也就认识我的父。"这些话是耶稣在殿里的库房教训人时所说的，也没有人拿祂，因为祂的时候还没有到。（8章17-20节）

按照律法，要作出公正的审判，必须要有两个以上的证人作证（申命记17章6节；19章15节）。耶稣用神迹和奇事证明自己是神的儿子，加上由神为祂作见证，因此耶稣说祂的见证，按律法说也是真的。

神怎样为耶稣作见证呢？马太福音3章记载：当耶稣受洗，从水里上来的时候，从天上有声音说："这是我的爱子，我所喜悦的。"祂在传道生涯期间彰显了无数除了神以外无人能行的奇异的大能，以此证明祂是神的儿子，祂所说的都是真理。

但法利赛人不理解耶稣的话，便问："你的父在哪里？"耶稣所谓"差我来的父"是指神，可他们却以为是指其肉体的父亲。他们既不明白耶稣的话语中包含的灵意，也不知道耶稣称神为父的缘由。

当时祭司长和法利赛人正虎视眈眈地寻找捉拿耶稣机会。然而，尽管耶稣在包括圣殿在内的公开场合显明自己的身份，并且教训人，也无人敢捉拿祂，因为祂受十字架苦难的时候还没有到。一切尽在神的掌管之中，神若不许，无人能够捉拿耶稣。

关于在十字架上受难、复活与升天的预言

> 耶稣又对他们说："我要去了，你们要找我，并且你们要死在罪中；我所去的地方，你们不能到。"犹太人说："他说'我所去的地方，你们不能到'，难道他要自尽吗？"（8章21-22节）

见证自己是神的儿子之后，耶稣讲起更有属灵深度的话语。就是有关自己将在十字架上受死、复活与升天的内容。

"我要去了，你们要找我，并且你们要死在罪中……。"

"你们"指的是反对耶稣的犹太人。他们虽迫切等候弥赛亚，但弥赛亚出现在他们眼前，他们也未能认出来。在他们眼里耶稣不过是一个寒碜的木匠的儿子、罪人和弱者的朋友，便反而蔑视和嘲弄祂。

因此，耶稣对走向灭亡的他们甚感痛惜，便对他们说：你们要找我，即弥赛亚，最终要死在罪中。意思是：犹太人因灵里愚笨，且心中充满嫉妒和各种邪恶而不认耶稣，所以必因罪在痛苦和绝望中死去。

耶稣说"我所去的地方，你们不能到"，是指祂将在十字架上受难，并且死而复活，升天。犹太人却不理解祂的话，以为耶稣要寻短见。因为在他们眼中耶稣是区区一个木匠的儿子，所以很难想象耶稣能够升上天。属肉的人就是这样只会不断做出离谱的猜测。

我就是那我从起初所告诉你们的

> 耶稣对他们说："你们是从下头来的，我是从上头来的；你们是属这世界的，我不是属这世界的。所以我对你们说，你们要死在罪中。你们若不信我是基督，必要死在罪中。"他们就问祂说："你是谁？"耶稣对他们说："就是我从起初所告诉你们的。（8章23-25节）

"下头"是指地，"从下头来的"是指他们从肉体的父母生于这地，学的是属肉的知识。由于这个原因他们不理解和不信四维空间世界的属灵的话语。与之相反，耶稣是从上头来的，是因着神的大能，因圣灵感孕而生，所以祂从出生开始就属灵。就像约翰福音7章15节所说"这人没有学过"，祂没有受人的教训，乃是从头开始领受神真理之道、属灵的知识，因此祂不属于这个世界。

耶稣说："你们若不信我是基督，必要死在罪中。" 犹太人就问祂说："你是谁？"耶稣回答说："就是我从起初所告诉你们的。"意思是：我就是那旧约圣经所预言要来的，即你们犹太人苦等已久的弥赛亚。在此，暂且查考旧约的有关弥赛亚的预言在新约怎样得以应验。

创世记3章15节说："我又要叫你和女人彼此为仇；你的后裔和女人的后裔也彼此为仇。女人的后裔要伤你的头，你要伤他的脚跟。"这是蛇引诱夏娃摘吃善恶树果之后，神咒诅蛇的时候说的预言。这里"蛇"象征仇敌魔鬼撒但；"女人"则象征以色列。这节经文所表明的是：弥赛亚将要出于以色列，败坏魔鬼撒但。该预言到了新约如实应验（加拉太书4章4-5节）——耶稣出于"女人的后裔"，即以色列民族，死而复活，打破魔鬼撒但的死亡权势，完成了救赎的旨意。

以赛亚7章14节说："因此，主自己要给你们一个兆头，必有童女怀孕生子，给祂起名叫以马内利（就是"神与我们同在"的意思）。"照此预言，耶稣借着童贞女马利亚的身子出生于世。照着耶利米书31章15节的预言，耶稣降生之后，希律王把以色列境内两岁以里的孩童全部杀尽，流了许多无辜的血（马太福音2章16节）。

以赛亚35章5-6节预言：耶稣将彰显许多神迹和奇事；撒迦利亚书11章12节预言：加略人犹大将以价银三十块出卖耶稣。除此之外，关于耶稣的复活与升天的预言也记录在旧约圣经当中（诗篇16篇10节；68篇18节）。

有关耶稣的所有预言均都如实地成就，历史可以作证。单看圣经中的几个章节，也足以相信耶稣就是为拯救全人而将世的救主。耶稣就是弥赛亚，祂看透犹太人的肺腑心肠，因此能够用真理判断他们。但绝不带着恶的情绪给他们定罪，只是极力将他们引入真理。

那差我来的是与我同在

> 我有许多事讲论你们，判断你们，但那差我来的是真的，我在祂那里所听见的，我就传给世人。"他们不明白耶稣是指着父说的。所以耶稣说："你们举起人子以后，必知道我是基督，并且知道我没有一件事是凭着自己作的。我说这些话，乃是照着父所教训我的。那差我来的，是与我同在；祂没有撇下我独自在这里，因为我常作祂所喜悦的事。"耶稣说这话的时候，就有许多人信祂。（8章26-30节）

所谓"差我来的"是指神；"我在那里所听见的"是指真理。但犹太人却不知道耶稣说的那位父就是神。耶稣为了尽量多传授真理，多拯救一个灵魂，废寝忘食地传天国的福音。因为祂常作神喜悦的事，所以神没有撇下祂独自在地上，而时常与祂同在。

神喜悦的事，就是耶稣降卑自己，全然顺服，单单遵行神的旨意。除了心地顽恶的法利赛人或文士以外，许多人信耶稣，跟随耶稣，也是由于这个原因。不过连他们也不是信耶稣为神的儿子，只是因看到耶稣所行的五饼二鱼的神迹等希奇的事，就以为祂只是一个非同寻常的人。就算他们认为耶稣是神的儿子，也不过是知识上的信心而已。正如经文所说"你们举起人子以后，必知道我是基督"，许多人在耶稣被钉死在十字架上，从死里复活之后，才明白祂就是基督的事实。

真理里面的自由

　　世上所谓的"真理"，随着时代和环境的变迁，不断地发生着变化。作为"真理"风靡一时的"地心说"，后来随着科学的发达被"地动说"所取代。但有一样不变的真理，那就是神的道。"明白真理"是指学习领会神的道，并领悟其灵意，除去罪恶，活出真理。

在真理里面得享自由的方法

> 耶稣对信他的犹太人说："你们若常常遵守我的道，就真是我的门徒。你们必晓得真理，真理必叫你们得以自由。"（8章31-32节）

犹太人认为只要遵守律法，就能成为属神的人，并且得救。然而耶稣将救恩的真谛告诉犹太人说："你们若常常遵守我的道，就真是我的门徒。"意思是：惟独信靠耶稣基督才能得到救恩。我们信耶稣基督，罪得赦免，遵行真理，就能成为主真正的门徒，最终到达天国。

所谓"遵守我的道"是指遵守诫命，即遵照神的话语守安息日（主日）；彼此相爱、恒切祷告；离弃嫉妒、仇恨等罪恶。我们只有在耶稣里面，即顺着真理，在光明中行的时候，才能成为耶稣的门徒，才可称得上是晓得真理。

不明白蕴藏在律法中的神良善的旨意，而只在行为上守律法，就如吃果皮弃果肉。例如：犹太人因不明白神设立安息日的本意，便将在安息日行善的耶稣看作是罪人。他们遵守律法并不是出于甘心乐意，而只是因着怕不守律法，会受到惩罚，因而如例行公事般在任务感或恐惧感中约束自己的行为。他们的生活完全被祖传的习俗和观念所主宰。耶稣看着他们甚感痛惜，便点醒他们说："你们必晓得真理，真理必叫你们得以自由。"

在社会生活中，无人会一一牢记法律条规，每走一步都要查验自己是否抵触法律，反而都是自然而然遵守法律，并不受法律的约束，在其中其实是得享自由的。在信仰里面也是如此：心里非真理越多，就越没有自由，仍然作罪的奴仆，受罪的辖制。心里恶越多，就越抵触神的话语，因而要时常省察自己。如果每作出一个行动，都要一一查验是罪不是，这将是多么繁琐和疲乏的事呢！但若将非真理除去净尽，并将真理存在心里，就不用一一查验，也不会出现任何差错。

如同在世上遵纪守法的人不受法律制裁一样，当我们谨守遵行神真理之道的时候，真理必叫我们得以自由。我们心里若没有仇恨、猜忌、嫉妒、纷争等罪恶，就能凡事宽容，与众人和睦，临到真正的平安与幸福。这就是"真理必叫你们得以自由"的含义。

所有犯罪的就是罪的奴仆

> 他们回答说："我们是亚伯拉罕的后裔，从来没有作过谁的奴仆，你怎么说'你们必得以自由'呢？"耶稣回答说："我实实在在地告诉你们：所有犯罪的，就是罪的奴仆。奴仆不能永远住在家里，儿子是永远住在家里。所以天父的儿子若叫你们自由，你们就真自由了。（8章33-36节）

耶稣所说的"自由"之灵意是：遵行真理，得享喜乐与幸福。然而，犹太人将此按照字面上的意义解释，就以为祂指的是原作奴仆的得以自由。因此他们急着追问，说："我们是亚伯拉罕的后裔，从来没有作过谁的奴仆。你怎么说你们必得以自由呢？"

于是耶稣说："所有犯罪的就是罪的奴仆。"以此点醒他们就是罪的奴仆。那么，为何说他们是罪的奴仆呢？因为按照灵界的法则，献上自己作奴仆，顺从谁，就作谁的奴仆（罗马书6章16节）。

顺从罪恶世界的主宰仇敌魔鬼、撒但而犯罪，就必成为仇敌魔鬼、撒但的奴仆、罪的奴仆。

奴仆没有自主权，只能无条件地服从主人的话。他们遭受非人的待遇，像牲口一样被买卖，也无法抗拒。与此同理，作罪之奴仆的人，因仇敌魔鬼、撒但的控告，遭遇各种问题，患上各样疾病。最终按照"罪的工价乃是死"这一灵界的法则，落入永不熄灭的地狱之火中。

反之，主人的儿子可以与父同享一切美好的，并能承受其产业。同样，我们若摆脱罪之奴仆的身份，成为神的儿女，就能得享神因着慈爱所赐的一切美福，得享自由的人生，并承受天国为基业。

在不久前，耶稣也没有直接显明自己的身份，为得是免得自招亵渎和毁谤。因为祂预知如果祂向众人宣告自己是神的儿子，奉神差遣到这个世界，必会有一些人跌倒，或者对祂进行控告。但在这里耶稣提到"天父的儿子"，直接表明惟独耶稣能给人带来自由、祂就是神的儿子。这是因为当时祂讲道的时候，有许多人信祂。

耶稣为了代赎全人类的罪，被钉死在十字架上，并从死里复活，打破了魔鬼的死亡权势，使我们脱离罪和死的律，得以在耶稣基督里面，不再被定罪，得享真正的自由，正如罗马书8章1-2节所说："如今那些在基督耶稣里的，就不定罪了。因为赐生命圣灵的律在基督耶稣里释放了我，使我脱离罪和死的律了。"

你们若是亚伯拉罕的儿子……

我知道你们是亚伯拉罕的子孙；你们却想要杀我，因为你们心里容不下我的道。我所说的是在我父那里看见的；你们所行的是在你们的父那里听见的。"他们说："我们的父就是亚伯拉罕。"耶稣说："你们若是亚伯拉罕的儿子，就必行亚伯拉罕所行的事。我将在神那里所听见的真理告诉了你们，现在你们却想要杀我，这不是亚伯拉罕所行的事。"（8章37-40节）

当时犹太人因自己是亚伯拉罕的后裔而感到自豪。他们本对耶稣不怀好意，如果耶稣说"你们不配作亚伯拉罕的儿子"，他们就会更加恼恨耶稣。于是耶稣先肯定他们是亚伯拉罕的子孙，接着点醒他们说："你们想要杀我，是因为你们心里容不下我的道。"好叫他们进行自我反省，并回心转意。

就这样，耶稣并不直接指责他们，而是以婉转的口吻，表明自己的言语尽都出乎神（约翰福音5章19节、20节；12章49节），反之，犹太人所行尽都出乎仇敌魔鬼，可他们却仍执迷不悟，说我们的父就是亚伯拉罕。

犹太人表面上装作圣洁、虔诚，但心里却充满伪善、不法、贪婪和邪荡。亚伯拉罕则彻底顺服神的命令，遵从神的引导，以致得称为神的朋友。他将赖以生存之土地的优选权，让给了侄儿罗得；

当所多玛和蛾摩拉面临毁灭危机的时候，他也替他们恳求神施恩怜悯。他的信心之大，甚至可以将百岁得的儿子以撒向神献为燔祭。

犹太人既然因有这样伟大的祖先而感到骄傲，理当效法其行为。可他们虽称亚伯拉罕为父，却要杀害耶稣这位传讲从神领受之真理的圣者。

倘若神是你们的父

你们是行你们父所行的事。"他们说："我们不是从淫乱生的，我们只有一位父，就是神。"耶稣说："倘若神是你们的父，你们就必爱我，因为我本是出于神，也是从神而来，并不是由着自己来，乃是祂差我来。（8章41-42节）

这里"父"的字意是生身父亲，但属灵上讲是指魔鬼。

魔鬼管辖因罪而堕落的人。约翰一书3章8节说："犯罪的是属魔鬼，因为魔鬼从起初就犯罪。神的儿子显现出来，为要除灭魔鬼的作为。""魔鬼的作为"是指罪所结的果子、一切恶行。属神的人见到义举善行就会一同欢喜并羡慕，可犹太人却反而想杀害耶稣，尽行魔鬼的作为。

犹太人听了这话很是冒火，就辩护自己说："我们不是从淫乱生的，我们只有一位父，就是神。"他们所谓的"淫乱"是指侍奉外邦神，崇拜偶像。旧约圣经中告诫拜虚神偶像行为时，常提及"淫乱"或"行淫"一词（耶利米书13章27节；士师记2章17节；以西结书23章30节）。他们自以为严格遵行律法，不像他们的祖先，因而堂堂正正地称神为父。

于是耶稣提醒他们应当怎样行，才配称神为父。那么，耶稣为何说："倘若神是你们的父，你们就必爱我"呢？因为是神差了耶稣来。真正爱神的人遵守神的律法，是出于诚心，而不是出于形式。这样的人，因心地善良而认出了以基督的身份降世的耶稣（路加福音2章25-38节）。反之，虽遵守律法，却只限于形式上的犹太人，因不离弃心中的恶，便未能认出显在眼前的耶稣。

你们为什么不明白我的话呢？

> 你们为什么不明白我的话呢？无非是因你们不能听我的道。你们是出于你们的父魔鬼，你们父的私欲，你们偏要行。他从起初是杀人的，不守真理，因他心里没有真理。他说谎是出于自己，因他本来是说谎的，也是说谎之人的父。（8章43-44节）

犹太人因自义和主观意识过于强烈，就不肯领受耶稣的话。虽明明看见神借着耶稣所彰显的权能、亲耳听见耶稣称自己为基督，他们却仍不肯承认，不肯相信。凡对自己不利的事，他们就拒绝，不肯领受。人有贪心，只要利己，何怕损人？耶稣提醒他们说：这一切都是出于私欲，源于魔鬼。

耶稣指魔鬼为"从起初是杀人的、本来是说谎的"，直截了当揭露仇敌魔鬼、撒但的本质。魔鬼撒但嗾使蛇，以巧妙的谎言引诱夏娃，并将肉体的情欲、眼目的情欲、今生的骄傲灌输于她，使她违背神的命令。它曾勾起该隐的嫉妒之心，驱使他杀害自己的兄弟亚伯。其后也继续引诱众人，沾染罪恶。犹太人自以为虔诚信神，认为耶稣是骗子，自称神的儿子。于是耶稣以真理之道，显明他们丑陋的心态。提醒他们心里充满贪心私欲，只求自己的益处，便是属于魔鬼。

你们中间谁能指证我有罪呢？

> 我将真理告诉你们，你们就因此不信我。你们中间谁能指证我有罪呢？我既然将真理告诉你们，为什么不信我呢？出于神的，必听神的话；你们不听，因为你们不是出于神。"（8章45-47节）

诚实的人能够看出对方的诚心并且信他。尽管耶稣说的都是真理，犹太人却不信，因为他们内里不诚实。大祭司、祭司长、法利赛人，时常用阴险的质问试探耶稣，好抓住告祂的把柄。但他们每次都被耶稣的真理之言所答张口结舌，陷入难堪的境地。于是耶稣对他们说："我既然将真理告诉你们，为什么不信我呢？"

属神的人信神的言语，并且照着行善。约翰一书4章7节说：爱是从神来的。除了爱以外，公义、真理、信心等也是从神来的。属神的人必在神里面心意更新而变化，因为神本为良善、光明和公义。然而，在犹太人身上却找不到仁爱、良善和公义。他们不信传扬真理的耶稣，便是他们不属神的明证。

欲用石头击打耶稣的犹太人

用乱石击杀是犹太人的公开处刑之一，简称石刑。按照律法，处以石刑的罪有七项，如：亵渎神性、崇拜偶像、触犯安息日、行邪术、行淫等。犹太人因不领悟耶稣的话，便认为祂犯亵渎神性的罪，按照律法应该处以石刑。

我不是鬼附着的

> 犹太人回答说："我们说你是撒玛利亚人，并且是鬼附着的，这话岂不正对吗？"耶稣说："我不是鬼附着的，我尊敬我的父，你们倒轻慢我。我不求自己的荣耀，有一位为我求荣耀定是非的。"（8章48-50节）

真理必叫你们得以自由

耶稣赤裸裸地揭露犹太人的属灵光景，他们就恼羞成怒，以恶言反驳，说："我们说你是撒玛利亚人，并且是鬼附着的，这话岂不正对吗？"

在当时的犹太社会中，"撒玛利亚人"是一种侮辱对方的形容。人们互相吵架或怒不可遏时，往往以平时视为卑劣的事物来比拟对方，借以达到贬低对方的目的，如："像个恶魔"、"如同禽兽"等。犹太人说耶稣是撒玛利亚人也是出于这种意图。

他们的恶言不止于此，他们进而说耶稣是被鬼附身的人，可见他们的恶已达到了顶点。面对犹太人过分的恶言，耶稣仍以爱心点醒他们说："我不是鬼附着的，我尊敬我的父，你们倒轻慢我。"意思是：我所做的事都是出于尊敬我父的心，并没有求我自己的荣耀。

耶稣按需显明自己是神的儿子，并且赦免人的罪，于是犹太人误解耶稣是在求自己的荣耀。因此耶稣说："我不求自己的荣耀"，接着又加了一句："有一位为我求荣耀定是非的。"意思是：耶稣求神的荣耀，神也荣耀耶稣。

你将自己当作什么人呢？

我实实在在地告诉你们：人若遵守我的道，就永远不见死。"犹太人对祂说："现在我们知道你是鬼附着的。亚伯拉罕死了，众先知也死了，你还说'人若遵守我的道，就

永远不尝死味'。难道你比我们的祖宗亚伯拉罕还大吗？他死了，众先知也死了，你将自己当作什么人呢？"（8章51-53节）

遵行耶稣的道，是关乎我们灵魂生死的重要问题。耶稣就是复活与生命，信祂，并遵行祂道的人，必得永生，进入天国（约翰福音11章25-26节）。因此，耶稣说：人若遵守我的道，就永远不见死。

犹太人无法理解这话，反倒说耶稣被鬼附了，并且拿祂与亚伯拉罕进行比较，说：连我们的祖宗亚伯拉罕都死了，你凭什么说遵守你的道，人就永远不死，你到底何等伟大，竟说如此的话。的确，按肉体说他们真是亚伯拉罕的后裔，然而神并不承认他们是亚伯拉罕的后裔。神只承认因信行义的人（罗马书4章13、16节），而不看血统或律法的行为。

荣耀我的乃是我的父

耶稣回答说："我若荣耀自己，我的荣耀就算不得什么；荣耀我的乃是我的父，就是你们所说是你们的神。你们未曾认识祂，我却认识祂；我若说不认识祂，我就是说谎的，像你们一样；但我认识祂，也遵守祂的道。（8章54-55节）

人若自己抬举自己，并且自夸，很难得到周围人的信赖，反而会被人视为吹牛，或说谎。因此耶稣说："我若荣耀自己，我的荣耀就算不得什么"，并且申明："荣耀我的乃是我的父，就是你们所说是你们的神。"在此要留意的是：耶稣并没有简单地说"……乃是神"，而是说"……乃是我的父，就是你们所说是你们的神。"

当时现场笼罩着危机感，犹太人激愤之余，污蔑耶稣为与神无关的人、被鬼附的人。此时耶稣若因害怕而退一步，说"我不认识神"，就是说谎话，跟犹太人无异。与神为一体的耶稣不认识神是假的。耶稣说："但我认识祂，也遵守祂的道"，以此作为最后的凭据，证明祂自己的话是真的。祂准确而含蓄地表达了自己的意图。

犹太人拿石头要打耶稣

> 你们的祖宗亚伯拉罕欢欢喜喜地仰望我的日子，既看见了，就快乐。"犹太人说："你还没有五十岁，岂见过亚伯拉罕呢？"耶稣说："我实实在在地告诉你们：还没有亚伯拉罕就有了我。"于是他们拿石头要打祂，耶稣却躲藏，从殿里出去了。（8章56-59节）

因为犹太人仗着祖宗亚伯拉罕说话，耶稣也表明自己与亚伯拉罕的关系。在创世记22章18节，神对亚伯拉罕应许说：地上万国都必因他的后裔得福。然而，神说：人作亚伯拉罕的后裔，不是因血统或律法，乃是因信而得的义（罗马书4章13节）。

　　与神深交的亚伯拉罕，知道自己所领受的约言，在遥远的将来，必因着耶稣基督得以成全。故此，他欢欢喜喜地仰望耶稣的日子是理所当然的。耶稣说："你们的祖宗亚伯拉罕欢欢喜喜地仰望我的日子，既看见了，就快乐。"对属灵世界愚昧无知的犹太人来说，这简直是哭笑不得的事情，便说：一个还不到五十岁的人，岂见过两千年前的亚伯拉罕！

　　于是耶稣对他们说："我实实在在地告诉你们：还没有亚伯拉罕，就有了我。"这话是真的。耶稣按肉体说比亚伯拉罕晚生两千年，但按灵里说当然在亚伯拉罕以先，因为祂从亘古就与神同在。耶稣说的都是事实，犹太人却不信。他们因误解耶稣所说的属灵话语，便怒不可遏，恶心大发，拿石头要打死祂。因为时候还没有到，耶稣就躲藏，从殿里出去了。

第九章
耶稣开瞎子的眼

你往西罗亚池子里去洗

在圣经中可以发现许多因遇见耶稣，人生发生了180度转变的人们。耶稣的十二门徒，以及十二年受血漏病之苦的妇人、讨饭的瞎子巴底买等就是其例。生来是瞎眼的人也是其中一人。

疾病的原因

耶稣过去的时候，看见一个人生来是瞎眼的。门徒问耶稣说："拉比，这人生来是瞎眼的，是谁犯了罪？是这人呢？是他父母呢？"（9章1-2节）

这天，耶稣行路的时候，遇见一个生来是瞎眼的人。他生来双

耶稣开瞎子的眼

眼失明，加上家境贫寒，被迫以乞讨为生，一天天过着苟延残喘的日子。门徒看见觉得纳闷，就问耶稣说："这人生来是瞎眼的，是谁犯了罪？是这人呢？是他父母呢？"

耶稣每当医治患有各种疾病的、残疾的、鬼附者的时候，总是提到疾病的问题。祂在毕士大池边医治38年的病人之时，也嘱咐他不要再犯罪；医治瘫子的时候也对他说"你的罪赦了"，首先解决其罪的问题（马可福音2章）。门徒经历这些事，便得知导致疾病、软弱或残障的原因就是罪。

圣经上讲的"疾病"是指因病毒或病菌的侵袭而身体出现异常的状态；"软弱"是指因父母的失误、自身的失误，或事故等原因，导致身体器官出现麻痹，或障碍，不能发挥正常机能的状态。先天性或后天性残障就属于这个范畴。申命记28章记载：当人不听从神的话语，违背神吩咐的一切诫命和律例的时候，咒诅必临到他的身上。因为人犯罪，必招致仇敌魔鬼、撒但的控告。

圣经对"罪"的定义如下："凡不出于信心的"（罗马书14章23节）；"知道行善，却去不行"（雅各书4章17节）；"我所愿意的善，我反不作；我所不愿意的恶，我倒去作"（罗马书7章19-20节）；"情欲的事"（加拉太书5章19-21节）；"肉体的事"（罗马书8章5-6节）等。

那么，不拘任何情况，疾病的原因都是在于罪吗？

这是不能一概而论的。就如门徒所提到的，疾病的原因是在于罪，是人违背神的话语的结果，但也有例外的情况。

人若吃错东西，或不节制地使用身体也会导致患病；有时也会因神经性或精神性的问题而临到疾病；有时也会因受撒但的捆绑，或被鬼附的原因而导致生病。虽是罕见，也有因有缺陷的精子或卵子受精而成胎所引起的病症。

不过，大多数疾病或先天性残障，都是因自己、父母或祖辈深陷拜偶像的罪中，或者作恶多端所导致的。但这位瞎子是一种例外情况，其病因不是罪，乃是为了显出神的荣耀来。

生来眼瞎的原因

> 耶稣回答说："也不是这人犯了罪，也不是他父母犯了罪，是要在他身上显出神的作为来。（9章3节）

耶稣回答门徒提问说："是要在他身上显出神的作为来。"此话若用字面上的意义解释，会产生误解：以为神故意叫他作天生的瞎子。神为了拯救罪人，施行极大的慈爱，连自己的独生爱子都肯舍出来为罪人在十字架上舍命。这样的神，岂能任意叫一个人生来就作瞎子。那么，此话是什么意思呢？

路加福音4章记载耶稣打开圣经奉读以赛亚先知的预言的情形。耶稣降世的目的，所要做的工作等内容浓缩在其中。耶稣照着先知的预言，叫死人复活，医治百姓各样病症、叫瞎眼的看见，叫哑巴开口说话。

"主的灵在我身上，因为祂用膏膏我，叫我传福音给贫穷的人；差遣我报告：被掳的得释放，瞎眼的得看见，叫那受压制的得自由，报告神悦纳人的禧年。"（路加福音4章18-19节）这个瞎子也是被神拣选，作显神荣耀的器皿。他的被选并非无缘无故。他没有什么特别的罪，只是因父母有缺陷的精子和卵子的结合，导致其生来双目失明，常年受苦，因而蒙了神的怜恤。从他得医治之后的表现和告白中，我们可以得知他被拣选的缘由（约翰福音9章17、27节）。

趁着白日，我们必须作那差我来者的工；黑夜将到，就没有人能作工了。我在世上的时候，是世上的光。"（9章4-5节）

圣经多处出现黑夜和白昼的比喻。如：帖撒罗尼迦前书5章5节说："你们都是光明之子，都是白昼之子；我们不是属黑夜的，也不是属幽暗的。"罗马书13章13节说："行事为人要端正，好象行在白昼；不可荒宴醉酒，不可好色邪荡，不可争竞嫉妒。"这样，圣经将白昼比作属真理的事；将黑夜比作属黑暗和非真理的事。

另一方面白昼也比喻作工的时候。产业发达的如今，夜间工作的人很多，但在耶稣时代，人们大部分都是在白天工作。因此，所谓"白昼"是指作工的时候，即作神工的时候；"差我来者的工"是指能够荣耀神，引许多人归向神的属灵的工作。

耶稣医治眼瞎的人，彰显了神的荣耀，并使许多人信神，获得真生命。太阳落山，夜幕降临，工必停止，这在灵里也相仿：一旦末时来临，我们圣工也必停止。耶稣就是要给我们提醒这个道理。

耶稣说："我在世上的时候，是世上的光。"是因为耶稣来到这世界，做了用真光照亮黑暗的工（约翰福音9章5节；路加福音2章32节；约翰福音1章4节）。有光照耀的地方，黑暗便会退去；凡认出耶稣的人，都醒悟自己是罪人，并且得到改变。而且，耶稣传扬天国的福音，即真理，彰显了神迹和奇事（马太福音4章23-24节），成为有病之人的医治之光；受苦之人的平安之光；使人认识天国的真理之光。

耶稣用唾沫和泥抹在瞎子的眼睛上

> 耶稣说了这话，就吐唾沫在地上，用唾沫和泥抹在瞎子的眼睛上，对他说："你往西罗亚池子里去洗'（"西罗亚"翻出来，就是"奉差遣"）。他去一洗，回头就看见了。（9章6-7节）

耶稣给门徒们教训真理之后，就对瞎子施行医治的大能。祂吐唾沫在地上，用唾沫和泥抹在瞎子的眼睛上。但有的人误解此举乃为耶稣使用世上的方法医治了那瞎子。以为那泥就是药方。其实土里没有恢复人视力的成分，耶稣使用唾沫单纯是为了和泥。

不过，耶稣在伯赛大医治瞎子的时候，是直接吐唾沫在他眼睛上（马可福音8章22-26节）。这里有属灵的含义。一般人们认为唾沫是污秽的，向人吐唾沫，对其是一种极大的侮辱。耶稣把人们认为污秽的唾沫吐在瞎子的眼睛上，是要使他醒悟他的软弱，是缘于污秽的罪和咒诅。

与之相反，耶稣在医治这天生的瞎子时，采取了用唾沫和泥抹眼的方式，其缘由是什么呢？是出于考虑对方信心的举措。有的人只要说一句话，就能得到信心；有的人则看见明显的见证也得不到信心。

耶稣清楚知道这个瞎子因为从未见过耶稣所显的神迹，所以很难得到信心，便为了使他得到更完全的信心，并且顺从，就采取了这种方式。因为虽然看不见，但通过触感，他就会产生"我能看见"的信心。

然而，耶稣在耶利哥医治瞎子巴底买的时候则单靠一句话（马可福音10章46-52节），因为他的内心和信心与众不同。他在周围的人责备他，不许他作声的时候，反而越发大声喊着说："大卫的子孙啊，可怜我吧！"他还将自己"全部的财产"——外衣丢掉，到耶稣面前去。他那专心的恳求和信心的表现感动了耶稣。这次耶稣并没有将泥抹在他眼睛上，而只凭一句话"你去吧！你的信救了你了。"瞎子就立刻重见光明。

因这瞎子较比巴底买信心不足，耶稣便以和泥抹眼睛的方式，给他栽植信心，然后叫他到西罗亚池子里去洗。他立刻顺从耶稣的话，到池子一洗，奇迹发生了！顿时眼前一亮，看见璀璨的光芒，得见美丽的世界。真乃重获新生的感动的时刻。曾在毫无希望

:: 蓄基训泉水而成的西罗亚池

的幽暗中，茫然度日的瞎子，因着遇见耶稣，人生彻底改变了。

　　如果他一拖再拖不去西罗亚池子洗，或觉得麻烦而用别的水洗，便无法得到应允。顺从和行动如此重要（雅各书2章22节）。水的灵意是"道"；"去洗的行为"意味着信心，总意就是：凭信心用道洗净罪污，眼睛就明亮了。

瞎子蒙医治作见证

　　他的邻舍和那素常见他是讨饭的，就说："这不是那从前坐着讨饭的人吗？"有人说："是他。"又有人说："不是，却是象他。"他自己说："是我。"他们对他说："你的眼睛是怎么开的呢？"他回答说："有一个人名叫耶稣，他和泥抹我的眼睛，对我说'你往西罗亚池子去洗'；我去一洗，就看见了。"他们说："那个人在哪里？"他说："我不知道。"

（9章8-12节）

瞎子因着遇见耶稣而开了眼，认识他的众人惊讶不已，议论纷纷。注定终身与幽暗为伴，过乞讨生涯的人，重见光明，重获新生，这是多么值得庆幸的事！可是人们的反应却是形形色色。

这里说"不是"的人，是自己的观念比较强烈的人。他们因凭着自己的框框去思考瞎子睁眼的事，便觉得不可能。反之，认为"是他"的人，是比较善良的人，他们对瞎子蒙医治的事采取肯定的态度。凭着人的一句话，就可以分辨其心善与否。见到众人的反应各异，从前眼瞎的人甚觉纳闷。他对那些疑惑的人，堂堂表示自己就是那个曾经眼瞎的人。

在如今时代，也有许多类似的人：他们看到神的大能彰显，就心生疑惑，想要探其真伪。他们用怀疑的目光，吹毛求疵，无中生有。对这个瞎子，众人的心态也是如此。他们纷纷过来问其究竟。

他们的提问的目的不在于想知道他是通过什么方法得以看见，而只是出于"瞎子是不能看见"的偏见，想要找些把柄来。他感觉到一种威胁的氛围，好像自己犯了什么罪一样。大部分人遇到这种情况，就因怕遭害而含糊其辞，或者用谎言来应付。但他因心里诚实，便将自己睁眼的过程详细地讲给人听。

　　然而，众人的反应却异乎寻常。本应该一同欢喜的他们，却问那医治他的人在哪里。耶稣使瞎子睁眼的那天恰巧是安息日（约翰福音9章14节）。犹太人连开瞎子的眼也当作一种劳动，就认为耶稣犯了安息日。他这才察觉到事情不妙，担忧耶稣会因自己而遭害，便慌忙说："我不知道。"

法利赛人和蒙医治的瞎子

法利赛人注重摩西的律法，熟悉到倒背如流的程度。然而，他们只拘泥于律法的形式，将安息日医病的耶稣当罪人看待。这按他们的标准来看，是违背律法，但耶稣所行的是拯救生命的善事。耶稣因为参透赐律法之神的深层的心意，便敢于在安息日行这事。

法利赛人纷争

他们把从前瞎眼的人带到法利赛人那里。耶稣和泥开他眼睛的日子是安息日。法利赛人也问他是怎么得看见的。瞎子对他们说："他把泥抹在我的眼睛上，我去一洗，就看见了。"法利赛人中有的说："这个人不是从神来的，因为他不守安息日。"又有人说："一个罪人怎能行这样的神迹呢？"他们就起了纷争。（9章13-16节）

对耶稣起反感的众人，将那瞎眼蒙医治的人带到法利赛人那里。他们虽然已经抓到耶稣"犯安息日"的"证据"，只因自己没有权柄继续问罪或办祂，便寻求给自己撑腰的人。当法利赛人问起他得以看见的经过时，他再次陈述自己蒙医治的过程。

如果人们再次受到这种如此咄咄逼人的审问，往往会变得心存畏惧而改变原话，或含糊其词。但此人不畏恐吓，坚持实话实说。从而法利赛人内部出现了意见上的分歧，彼此展开激烈的争论。

"这个人不是从神来的，因为他不守安息日。"

他们以没有按照律法的形式和程序守安息日为由，给耶稣定罪。法利赛人所谓的律法是指摩西五经和代代相传的"古人的遗传"。这段情节中淋漓尽致地呈现耶稣责备他们为"假冒为善的人"、"粉饰的坟墓"的缘由（马太福音23章27节）。相反，其中也有一些人提出反驳。

"一个罪人怎能行这样的神迹呢？"

其中有几个心地善良的人反驳说：罪人怎能行神迹。按他们的标准而言，耶稣此举分明是犯了安息日，但他们不得不对耶稣所做的事予以肯定，因为那是超乎人能力的事。

耶稣开瞎子的眼

犹太人传唤审问瞎子的父母

> 他们又对瞎子说："他既然开了你的眼睛，你说他是怎样的人呢？"他说："是个先知。"犹太人不信他从前是瞎眼，后来能看见的，等到叫了他的父母来，问他们说："这是你们的儿子吗？你们说他生来是瞎眼的，如今怎么能看见了呢？"（9章17-19节）

他们是非争论愈演愈烈，此时有一个人向从前眼瞎的人提问："你说他是怎样的人呢？"

众人的目光都集中到他身上。此时他的一句话举足轻重，或使法利赛人情绪更为激化，或使他们争论平息。他却毫不犹豫地回答说："他是个先知。"

因为他想到此人若不是从神来的，就不能医治自己的眼睛。其实，耶稣不是先知，乃是奉神差遣而降世的弥赛亚。对于还不知道这一事实的他来说，这句话是他对耶稣最崇高的敬畏之心的表露。

但因着这一回答，法利赛人对耶稣的负面情绪更为高涨。犹太人尽管亲耳听到这个曾经眼瞎的人明确的答复，却仍坚决不承认他蒙医治的事实。最后又传唤其父母进行审问。

因突如其来的传唤，他的父母感到惊慌失措。他们因生怕自己遭害而战战兢兢。

他已经成了人，你们问他吧！

他父母回答说："他是我们的儿子，生来就瞎眼，这是我们知道的。至于他如今怎么能看见，我们却不知道；是谁开了他的眼睛，我们也不知道。他已经成了人，你们问他吧！他自己必能说。"他父母说这话，是怕犹太人，因为犹太人已经商议定了，若有认耶稣是基督的，要把他赶出会堂。因此他父母说："他已经成了人，你们问他吧！"（9章20-23节）

他父母作证他儿子生来就眼瞎的事实。但因惧怕犹太人，就不敢继续说实话，便将责任推卸给自己的儿子，回避提问。

"至于他如今怎么能看见，我们却不知道；是谁开了他的眼睛，我们也不知道。"

"他已经成了人，你们问他吧！他自己必能说。"

他的父母如此回避提问是有原因的。因为犹太人已经商定，凡承认耶稣为基督的，都要把他赶出会堂。"赶出会堂"意即对犯错误的教徒处以革除教籍的处分。

按照过犯的轻重，"赶出会堂"分为三类：第一种是经具有权威的官员严厉斥责之后，为期一周至一个月剥夺宗教权力；第二种是至少30天禁止参加一切社交聚会；第三种是无期剥夺宗教特权，这是针对前二项惩治无效的人实施的。他们终身要受人排斥和藐视，其家庭、生计，甚至生命也受到严重威胁。

因此，被"赶出会堂"意味着失去一切。瞎子的父母因害怕受到这种处罚而恐惧万分。犹太人充满威胁的审问，使他们惊慌失措，便将答复的责任推卸给儿子。

膝下有个生来眼瞎的儿子，作为父母一定会时常对儿子感到亏欠和心酸。可是现在这个儿子的瞎眼看见了。对他们来说医治儿子眼睛的耶稣是个大恩人，这恩一辈子也报不完。但他们因生命受到威胁，就怯懦卑屈地回避事实。他们虽明知儿子的处境很危险，却仍将责任推卸给自己的儿子。这就是求己益处的属肉的爱。

莫非你们也要作他的门徒吗？

> 所以法利赛人第二次叫了那从前瞎眼的人来，对他说："你该将荣耀归给神，我们知道这人是个罪人。"他说："他是个罪人不是，我不知道；有一件事我知道，从前我是眼瞎的，如今能看见了。"他们就问他说："他向你作什么？是怎么开了你的眼睛呢？"他回答说："我方才告诉你们，你们不听，为什么又要听呢？莫非你们也要作他的门徒吗？"（9章24-27节）

因为其父母回避回答，法利赛人第二次传唤那从前眼瞎的人，叫他将荣耀归给神。作为祖祖辈辈专一侍奉神的百姓来说，凡事归荣耀于神是理所应当的。但他们特意说这话，是因为怕他称颂耶稣而不称颂神，以致使更多的人跟从耶稣。

他们说：因为耶稣是罪人，所以应该将荣耀只归给神。此话很矛盾，不合常理。罪人岂能开瞎子的眼，荣耀神的名？这纯粹是生搬硬套，强词夺理。这从前眼瞎的人，通过耶稣蒙了医治，又获得了新生，他却听到有人竟然称这位神人为罪人，甚是郁闷，便婉转地提醒他们耶稣是属神的人："他是个罪人不是，我不知道；有一件事我知道，从前我是眼瞎的，如今能看见了。"

他对那些诬陷耶稣为罪人的众人，没有针锋相对地进行抗辩，而只是提出了更为分明而确切的证据。他具有诚实的内心，在任何威胁和逼迫面前也不屈不挠。因此，耶稣没等他请求医治，就先找到他，并开了他的眼睛。

法利赛人尽管听不到自己所期待的答案，也不打消给耶稣扣上罪名的险恶用心，反而追逼到底。

"他向你作什么？"

"是怎么开了你的眼睛呢？"

他们问这话不是为了澄清事实真相，乃是其中暗藏险恶意图：要抓住把柄，以便否定耶稣的所作所为。对没完没了的尖酸刻薄的质问，那从前眼瞎的人并不感到不耐烦，或回避提问，反而回答说："我方才告诉你们，你们不听，为什么又要听呢？莫非你们也要作他的门徒吗？"

他甚感纳闷：我既然该说的都说了，他们可以完全明白，可他们为何还问这个问题？他捉摸不透他们的用心，便以为法利赛人是要作耶稣的门徒：他因为心地善良，甚至对他们恶意的质问，也用善意去理解。

法利赛人骂蒙医治的瞎子

> 他们就骂他说："你是他的门徒；我们是摩西的门徒。神对摩西说话，是我们知道的；只是这个人，我们不知道他从哪里来。"那人回答说："他开了我的眼睛，你们竟不知道他从哪里来，这真是奇怪！（9章28-30节）

从前眼瞎的人所说的这一善言，反而更加激发法利赛人的负面情绪。他们就骂他说："你是他的门徒；我们是摩西的门徒。神对摩西说话，是我们知道的；只是这个人，我们不知道他从哪里来。"

法利赛人自称"摩西的门徒"，树立其威信，但他们其实不是摩西的门徒。因为他们是传授律法的，所以他们表面看似摩西的门徒，其实却不是，因为他们不是从内心里守律法。如果他们真的是摩西的门徒，那么他们一定会认出耶稣是弥赛亚，并将荣耀归于神。然而，他们试图凭借自己与摩西这位直接从神领受律法之伟人先知的关系，给自己的话语赋予正当性。如同人仗着自己家族中的名人之名，虚张声势。

瞎眼得医治的人想：我虽然没有文化，也一无所有，但我至少能分清犹太人的话不合道理，可是法利赛人远比我学识渊博，又是教导百姓的师傅，却认不出耶稣，真是奇怪。于是他回答说："他开了我的眼睛，你们竟不知道他从哪里来，这真是奇怪！"

他虽然没什么学问，但因心里诚实而良善，便无人教导也能辨认真理。他既不懂律法，也不懂"古人的遗传"，但他却从灵里感悟到耶稣是何等的人。刚体验神迹不久，就能如此快速得到属灵的感悟，是因他心里清洁的缘故。

如今也有很多人如同法利赛人一样，他们持有自己所打造的信仰观，表面看似圣洁，但其实那是一种框框。如今在基督教界，各教派教义上的歧见成为一种框框，用来互相判断对方是非，甚至定为异端的现象屡见不鲜。例如：圣经分明教导我们要呼求祷告。但有些人看见这样祷告的教会就说"这个教会走偏了"；哪里有医治的大能彰显，就说其是"神秘主义"。这是人擅自设立戒律规条来论断神的事。

蒙医治的瞎子正直的内心

我们知道神不听罪人，惟有敬奉神、遵行他旨意的，神才听他。从创世以来，未曾听见有人把生来是瞎子的眼睛开了。这人若不是从神来的，什么也不能作。"他们回答说：

"你全然生在罪孽中，还要教训我们吗？"于是把他赶出去了。（9章31-34节）

我们可以想象一下瞎眼蒙医治的人被充满恶意的众人审问并围攻的情形。换了别人，遇到这种情况，定会战兢恐惧。他们所说的每一句话都很尖酸刻薄，咄咄逼人。他们都是名门贵族，具有崇高的社会地位和名望，可他却是一个沦落街头，以乞讨为生的卑贱身份者。但他一点也没有被那些气势所压而畏怯退缩，反而直到最后坚定不移地证明事实真相，从中可以得知他是一个内心正直的人。

他还说："从创世以来，未曾听见有人把生来是瞎子的眼睛开了。"

这里"耶稣开瞎子的眼"，具有重要的属灵意义。就是意味着耶稣具有给人开启灵眼的权柄，这是超越单纯彰显神迹之层次的权柄。

从属灵的角度看，所有的人类都是天生的瞎子。但我们因信耶稣基督，灵眼被打开，得以看见属灵的世界、天国。这就是"瞎子通过耶稣开了眼"的属灵意义。

正如从前眼瞎的人所说：若不是从神来的人，谁能开瞎子的眼睛呢！这样的事只有具有超凡能力的神，才能行得出来。不论科学多么发达，人是永远无法做得到的，因为这仅仅是神的专利。因此，这从前眼瞎的人见证耶稣是从神来的，可是法利赛人最终还是不信。

　　"你全然生在罪孽中，还要教训我们吗？"

　　法利赛人将疾病或残疾视为被咒诅的结果。可是现在，这个因受了"咒诅"而生来眼瞎并且以乞讨为生的人正在教训他们，他们便大发雷霆，把他赶出去了。

属灵的瞎子

瞎子睁眼的事，以及他被法利赛人赶出去的消息，瞬息间传遍四方。耶稣为了赐他比瞎眼看见更大的祝福，再次找到他。耶稣不只一次，而是一连两次找他，其原因，我们通过他的行为可以得知。

你信神的儿子吗？

> 耶稣听说他们把他赶出去，后来遇见他，就说："你信神的儿子吗？"他回答说："主啊，谁是神的儿子，叫我信衪呢？"耶稣说："你已经看见衪，现在和你说话的就是衪。"他说："主啊，我信！"就拜耶稣。（9章35-38节）

耶稣找到从前眼瞎的人，就问："你信神的儿子吗？"意思是："你信神的儿子，即弥赛亚吗？相信赦免你的罪，并拯救你的救主吗？"他一直以为耶稣是从天上来的神人，而他万万都没有想到开自己眼睛的就是他们民族翘首以盼的救主、弥赛亚。

"主啊！谁是神的儿子，叫我信祂呢？"

他是在表达他愿意相信为他赎罪并施行救恩的神子的心愿；表白他至今因为无知而未信，但若知道定会信的心境。耶稣知道他的心意，便向他表明祂就是救主的事实：

"你已经看见祂，现在和你说话的就是祂。"

"主啊，我信！"

耶稣的话很简单，但这已经足够叫这从前眼瞎的人醒悟明白。他立时拜耶稣，并说出他信心的告白。"跪拜"可以说是人表示尊敬和感恩的最极限的行为表现。他打心底里相信耶稣是救世主，而非只在口里承认。

属灵的瞎子——法利赛人

耶稣说："我为审判到这世上来，叫不能看见的，可以看见；能看见的，反瞎了眼。"同他在那里的法利赛人听见这话，就说："难道我们也瞎了眼吗？"耶稣对他们说："你们若瞎了眼，就没有罪了；但如今你们说我们能看见，所以你们的罪还在。"（9章39-41节）

耶稣曾对夜里来见祂的尼哥底母说："因为神差他的儿子降世，不是要定世人的罪（或作"审判世人"。下同），乃是要叫世人因他得救。"（约翰福音3章17节）然而现在耶稣反而说：我为审判到这世上来。耶稣说这话并非自相矛盾，乃是要借以正确说明神对审判的旨意，即耶稣来到这世界的目的是要拯救我们，而不是审判我们，将我们打入地狱。不过，不信的人则无法逃脱审判，因为"罪的工价乃是死"（罗马书6章23节）。

耶稣说："我为审判到这世上来，叫不能看见的，可以看见；能看见的，反瞎了眼。"此话怎讲呢？我们对照瞎子和法利赛人，就能理解此话的含义。即使是双目失明的人，只要他心地善良，一心向往神，他就能认出弥赛亚，并且蒙恩得救，以至于永生。然而，像法利赛人那样，两眼虽然正常，但属灵的眼睛被心里的恶所蒙蔽的人，是无法得到救恩的。同耶稣在那里的法利赛人听见这话，就问："难道我们也瞎了眼吗？"

因为耶稣说：叫能看见的，反瞎了眼，他们就究问耶稣：难道我们也是瞎子吗？这是明知故问，是要强调他们不是瞎子，他们眼睛很正常。法利赛人压根就听不明白耶稣的话。看他们这种反应，耶稣深感痛惜，就说："你们若瞎了眼，就没有罪了；但如今你们说'我们能看见'，所以你们的罪还在。"如果他们是眼瞎的，可以理解他们因眼瞎没有看见而不晓得。然而，他们既然不眼瞎，又是学习律法和传授律法的先生，却仍不醒悟真理，因而耶稣说他们的罪还在。

我是好牧人

好牧人的比喻

以色列的山地有很多陡峭的斜坡和岩石，放羊的时候需要多加留意。再加上因临近的平原牧草稀少，需要到较远的地方去放牧。好牧人会不辞辛劳地将羊群引导到青草地，可安歇的水边。耶稣经常将日常生活中常见的事作为比方施以属灵的教训。其中"羊和牧人"也是祂常用的比喻。

羊和牧人

"我实实在在地告诉你们：人进羊圈，不从门进去，倒从别处爬进去，那人就是贼，就是强盗。从门进去的，才是羊的牧人。（10章1–2节）

牧人终日找寻有草之地，放牧羊群，天黑了，就要把羊群领入安全的羊圈。羊圈大概有两种：一种是将自然洞穴改造而成的；另一种是石头砌成的围墙形式。利用洞穴的情况，则是在离洞门稍远处造一个门，以门为中心用石头砌围墙。入口很窄。有的其上种植荆棘，以防来袭的狐狸或窃贼。看顾羊群的牧人自然从门出入，若有人从别处越墙而入，那人分明是来行窃的。

那么，耶稣为何还要讲述如此司空见惯的事呢？

因为"羊"和"牧人"、"羊圈"、"门"，以及"贼"和"强盗"均包含着灵意。首先"羊"是指神的儿女。无论刚接受主耶稣的初信徒，还是信了很久的老信徒；不论信心小的，还是信心大的，凡蒙恩得救的人都是主的羊。而且，"羊圈"是群羊安歇的地方，因而从灵意上讲，是指神的儿女们聚在一起得享真安息和保守的教会。

在哥林多前书1章2节中，称教会为："在基督耶稣里成圣，蒙召作圣徒的"。因此，教会的意义包括：有形的建筑和众圣徒。故而"羊圈"也指神儿女们的聚会；"羊的门"则指耶稣基督，正如约翰福音10章7节所说："我就是羊的门。"

那么，"羊的牧者"又是指谁呢？

希伯来书13章20节说：主耶稣是大牧人；彼得前书5章4节说："到了牧长显现的时候，你们必得那永不衰残的荣耀冠冕。"由此可知：耶稣基督就是大牧人、牧长。假如说有一万只羊，可以分十只羊一组，每组立一个牧人进行管理，由牧长统管这些牧人。灵里也相仿：神以大牧人，即牧长耶稣为首，在各教会立主的仆人和工人去牧养众灵魂。因此，从灵意上讲：牧养灵魂的主仆和工人也可称得上是牧人或牧者。

最后，"贼和强盗"是指谁呢？

是指那些自称神、自称耶稣再临，迷惑圣徒的人；否认耶稣道成肉身的敌基督，以及连买我们的主也不认的异端（彼得后书2章1节）。

羊听牧人的声音

> 看门的就给他开门，羊也听他的声音。他按着名叫自己的羊，把羊领出来。既放出自己的羊来，就在前头走，羊也跟着他，因为认得他的声音。羊不跟着生人，因为不认得他的声音，必要逃跑。"耶稣将这比喻告诉他们，但他们不明白所说的是什么意思。（10章3-6节）

一到清早，牧人按着名叫自己的羊，要把羊领到牧草地去。在牧人的保守下，平安过夜的群羊，听到牧人的声音就到门外，跟从牧人。即使一个生人穿上牧人的衣服，模仿牧人的声音，羊也不会上当，反而会逃跑。耶稣以这般羊的特性为比方，施以属灵的教训。

这里的"门"跟前面所提及的"羊的门"不同。其灵意乃为我们神儿女的意念之门和心灵之门。为羊的牧人开门的"看门人"，是指圣灵。凡接待耶稣基督的人，都能领受所赐的圣灵。我们可以通过住在我们心里的圣灵，与神交通。圣灵又帮助我们遵行神真理之道。耶稣就是将这般圣灵的工作，比作"看门的为羊的牧人开门"。

就像羊准确分辨牧者的声音一样，领受圣灵的人也能清楚认得主的声音。并且能够用真理分辨主的仆人或工人是否与牧长——主耶稣合而为一。耶稣因犹太人不理解这富含灵意的比方，就切合祂自己的实际解释其灵意。

我就是羊的门

所以耶稣又对他们说："我实实在在地告诉你们：我就是羊的门。凡在我以先来的，都是贼，是强盗，羊却不听他们。（10章7-8节）

若要理解耶稣说自己为"羊的门"之灵意，就要追溯到出埃及时代，话要说到以色列的祖先雅各的家眷逃避饥荒到埃及定居过了四百年之后的光景。

雅各的家眷起初只有七十人迁至埃及歌珊地。但他们在那地生养众多，极其繁茂，形成一大族群，对埃及王法老构成威胁。于是法老将他们当作奴隶逼迫苦害。难以承受的苦工，日益加增的迫害，使得以色列百姓向神哀求施行拯救。

神垂听他们的哀求，就拣选并差遣摩西到埃及王法老那里，叫他容以色列百姓出埃及。法老出尔反尔，违抗神旨。埃及从而举国遭受接踵而至的灾殃，以至国度衰败荒废。然而，当埃及人遭遇血灾、蛙灾、虱灾、蝇灾、畜疫之灾、疮灾、雹灾、蝗灾、黑暗之灾的时候，以色列百姓却蒙神保守，安然无恙。

在最后一灾——杀头生之灾，即击杀埃及地人和牲畜一切头生的灾殃临近的时候，神对以色列百姓指示一条逃生的路径。就是叫他们夜里宰杀羊羔，将其血涂在门楣上和左右的门框上，并将羊羔的肉用火烤着吃，不可走出房门，直到早晨。这里"门框"是指镶在门道两旁的固定门扇的边框；"门楣"是指横放固定于两个边框上方顶着墙壁的木头或石头上槛。以色列百姓在漆黑的夜里，顺从神的话语，将羊羔的血涂在门框和门楣上，从而全家得以免遭击杀长子的灾殃。

这里"羊羔之血"的灵意是耶稣的宝血。就像死亡避开涂羊羔之血的地方一样，因着耶稣被钉于十字架上，流尽宝血，我们的罪便得以赦免；凡心里相信这一事实的人，都能脱离死亡，进入永生。当时以色列百姓虽然不明白这些灵意，但他们因着顺从神的话语而免遭最后一灾，获得拯救。

与之相反，不把羊羔的血涂在门框和门楣上的家庭，长子必被击杀；即便涂了血，但走出门外的，也不能免于死难。同样，我们即便接受了耶稣基督，但若脱离救恩的范围，重新走向世界，便无法得救。就像以色列百姓将羊羔的血涂在门框和门楣上，并且不出房门时得到了救恩一样，我们只有活在耶稣基督里面，才能得到救恩。这就是耶稣说祂自己是"羊的门"的缘由。

耶稣还说"凡在我以先来的，都是贼，是强盗"。

那么，在耶稣以先来的是谁呢？

这里所谓"以先来的"，不仅仅意味着某个时点以前。耶稣为了代赎人类的罪而降世的时期，都是神照着自己的旨意所预定的，即耶稣约两千年前降世为人，便是最为合适的时期。当时堪称"条条大路通罗马"的罗马帝国的繁荣和希腊文明的发达，成为耶稣基督的福音快速传于全世界的跳板。

如果有人与这样的时期无关，称自己为基督，便是谎言。

耶稣基督的重降时期也是神照着自己的旨意而定的，将分毫不差地如期来临。可如果有人与这个时期无关，自称耶稣再临，或主张"惟独我这里有救恩"，便是贼，是强盗。

我就是门，凡从我进来的，必然得救

> 我就是门，凡从我进来的，必然得救，并且出入得草吃。
> 盗贼来，无非要偷窃、杀害、毁坏；我来了，是要叫羊（或作"人"）得生命，并且得的更丰盛。（10章9-10节）

信而顺从"羊的门"——耶稣基督的人，不仅能得救恩，而且出入得草吃。这里特别强调"凡从我进来的"这一前提条件，借以申明人只有遵照主真理的话语而行，才能得救，意思是：凡留意听神的话，并且谨守遵行的人，都必超乎天下万民之上；出也蒙福，入也蒙福（申命记28章1-14节）。

反之，那些被比作贼的人如何呢？

他们自称耶稣再临，并说只有跟从他们才能得永生，但其结局就是死亡。盗贼来，无非要偷窃、杀害、毁坏，然而，耶稣来是要叫人得生命，并且得的更丰盛。正是意味着得享约翰三书2节所讲的"灵魂兴盛，凡事兴盛，身体健壮"的祝福。"灵魂兴盛"是指将真理填充于心的状态。灵魂兴盛的人会全然顺从神的道，信心与行为并行，常常喜乐，不住地祷告，凡事谢恩，便使仇敌魔鬼逃跑，试探患难退走，得到健康的祝福。

好牧人和雇工

> 我是好牧人，好牧人为羊舍命。若是雇工，不是牧人，羊也不是他自己的，他看见狼来，就撇下羊逃走。狼抓住羊，赶散了羊群。雇工逃走，因他是雇工，并不顾念羊。（10章11-13节）

以色列伟大君王大卫，在少年时代是个牧童。他放羊，有时来了狮子或熊，从群中衔一只羊羔去。他就追赶它，击打它，将羊羔从它口中救出来。耶稣就是将此作为比方，对犹太人说：好牧人会与来袭的猛兽搏斗，舍命救羊。雇工则会只顾自己的性命而弃羊逃走。这样，凭着果子就可以认出好牧人和雇工（马太福音7章17节）。

耶稣为了拯救走向死亡的人类，不惜自己的性命，作了挽回祭。祂为了将我们引入救恩之路，就轻看羞辱，忍受了十字架的苦难，便是我们真正的好牧人。然而，雇工不像耶稣那样倾尽自己的生命去服侍众人，反而愿意受人的服侍。他们想方设法彰显自己；遇到不合心意的羊就对其心怀恶意，结下仇恨；对自己不利，或遇到难处，就弃掉羊群，自己逃命。

我为羊舍命

> 我是好牧人，我认识我的羊，我的羊也认识我。正如父认识我，我也认识父一样，并且我为羊舍命。（10章14-15节）

好牧人按时喂饱群羊，使其健康肥壮，并且随时保守它们免遭危险。殷勤看顾照料羊群的牧人，正确掌握羊的状态，及时为其排忧解难。耶稣说的比方"我认识我的羊，我的羊也认识我"就是包含着上述的意义。

那么，牧者和羊彼此认识是什么意思呢？

就是指牧者详细了解神托付于自己的圣徒之名字、家境、家族关系和职业等属肉的情况，以及其属灵的光景。身为牧者应当对自己所辖的灵魂是灵里营养充足，还是营养失调，或是哪里有病等情况了如指掌。应当按时给没有信心的栽植信心；使有罪的醒悟其罪，行义路善道；帮助无力祷告的，得到祷告的能力。这正是好牧人当作的事。

我们可以从保罗在哥林多后书11章27-29节的告白中感受到好牧人的心肠："受劳碌、受困苦，多次不得睡，又饥又渴；多次不得食，受寒冷，赤身露体。除了这外面的事，还有为众教会挂心的事，天天压在我身上。有谁软弱我不软弱呢？有谁跌倒我不焦急呢？"

牧者若用这般心肠悉心照料群羊，用善道施教，对症下药，使其灵命丰盛，羊自然而然信赖和爱戴自己的牧者。羊爱牧者，自然听从牧者的声音。耶稣是好牧者。祂来是要召罪人悔改，使众人醒悟自己的罪，及时离罪，行走义路，并且按人信心的大小赐予力量和盼望，使其遵行真理。

是我自己舍的

我另外有羊，不是这圈里的；我必须领它们来，它们也要听我的声音，并且要合成一群，归一个牧人了。我父爱我，因我将命舍去，好再取回来。没有人夺我的命去，是我自己舍的。我有权柄舍了，也有权柄取回来。这是我从我父所受的命令。"（10章16-18节）

路加福音5章32节说："我来本不是召义人悔改，乃是召罪人悔改。"耶稣来到这世界的目的是在于拯救无数尚未进入救恩之范围的灵魂。所谓"不是这圈里的另外的羊"是指不信神、尚未接受耶稣基督的人。意思是：也要将这些灵魂归入耶稣基督的名下，使其成为分别为圣的圣徒。

因此，蒙恩得救的神的儿女理当殷勤传播福音。正如使徒行传1章8节所说："但圣灵降临在你们身上，你们就必得着能力；并要在耶路撒冷、犹太全地和撒玛利亚，直到地极，作我的见证。"我们应当尽心竭力传扬福音，无论得时不得时。

耶稣舍命是为了使我们获得救恩，进入天国。祂舍命并非因不敢违背神的旨意而出于勉强，乃是出于甘心乐意，就像因体贴父母的心意而心甘情愿地顺从父母的儿女一样。耶稣比谁都清楚了解父神对走向死亡的众灵魂体恤怜惜的迫切心意。因而甘愿作出命舍的抉择。

虽然那条路的尽头是极大的荣耀，但那是难以承受的苦难的历程。可耶稣还是甘心乐意选择了这条路。神的心会是多么欢心喜悦！在神看来耶稣会是何等可爱呢！于是神将自己的能力赐予耶稣，甚至使祂彰显令人希奇的大事（约翰福音5章20节）。这些神透过耶稣所彰显的神迹和非常的奇事，就是神爱耶稣的凭据。

神赐我们作神儿女的权柄，并在马可福音16章17节对我们应许说："信的人必有神迹随着他们……。"意思是：只要我们具备充足的信心，就要叫我们像耶稣一样显现各种神迹。

犹太人的纷争

> 犹太人为这些话又起了纷争。内中有好些人说："他是被
> 鬼附着，而且疯了，为什么听他呢？"又有人说："这不是
> 鬼附之人所说的话，鬼岂能叫瞎子的眼睛开了呢？"（10
> 章19-21节）

犹太人本该与瞎眼蒙医治的人一同欢喜感恩，可他们却为此事彼此纷争，并将那人赶出去了。他们听见耶稣有关羊和牧人的比喻，再次起了纷争。内中有好些人诬告耶稣被鬼附了，众人就开始彼此纷争。

"他是被鬼附着，而且疯了，为什么听他呢？"

"这不是鬼附之人所说的话，鬼岂能叫瞎子的眼睛开了呢？"

他们的诽谤和纷争愈演愈烈，以至于到了决议要杀害耶稣的地步。他们由于本心顽恶的缘故，动辄给别人定罪，毫无顾虑地发出恶言恶行。他们自称神的子民、明白律法传授律法的师尊，可他们却是属灵的瞎子，看真理的眼睛被恶心所蒙蔽，尽管亲眼看到在耶稣身上所彰显的神的大能，却仍说耶稣被鬼附着，而且疯了。

不过并非所有的人都对耶稣以恶相待，妄加论断和定罪。内中也有一些心地善良的人，反驳说："鬼岂能叫瞎子的眼睛开了呢？"因为他们认定耶稣所做的事都是出于神的权能。照他们所说：鬼绝对没有使瞎子睁眼的能力。

圣经反而提到一个人，其又聋又哑是被鬼附身所导致的。鬼只有给人带来疾病、灾殃、试探、患难和痛苦的本事（但这也是在神许可的范围内才有可能），而绝不能使瞎子睁眼，做出善行，归荣耀于神（马可福音9章25节；路加福音6章18节、9章42节）。开瞎子的眼，无非是神的手段，是神通过祂所喜悦、所拣选的人彰显大能的结果（诗篇146篇8节；以赛亚书42章1-7节）。

我与父原为一

每个国家都有固有的节日。以色列民族也有他们特定的节日。就是堪称犹太人三大节期的逾越节、收割节、住棚节。除外还有吹角节、赎罪日、普珥日、修殿节等。

其中修殿节又名哈努卡（Hanukkah），是纪念献殿的节日。公元前165年，犹太人领袖马可比战胜叙利亚人，光复耶路撒冷，并将被毁的圣殿奉献于神，这便是修殿节的来历。守该节的传统流传至今，犹太人从犹太历9月25日（大约阳历12月份）开始，为期八天，举国欢庆该节日。犹太人至今仍不认可圣诞节，而持守这哈努卡节。

你若是基督，就明明地告诉我们

在耶路撒冷有修殿节，是冬天的时候。耶稣在殿里所罗门的廊下行走。犹太人围着祂，说："你叫我们犹疑不定到几时呢？你若是基督，就明明地告诉我们。"（10章22-24节）

有修殿节的这年冬天，是耶稣在世时度过的最后一个冬天，因为耶稣于次年4月在十字架上受难。那时耶稣在圣殿里所罗门的廊下行走。此廊位于圣殿外围，没有一堵挡风的墙。如今教堂有礼拜堂和院子，并有围着院子的墙垣。所罗门廊相当于圣殿围墙，当时是属于圣殿外围的场所。此处时常用作拉比们教训门徒的场所。

耶稣和祂的门徒们也曾在这里向众人传福音，彰显神的大能，医治百姓各样的病症。这天一群犹太人向祂围过来，仿佛早有预谋，开口就问：

"你叫我们犹疑不定到几时呢？"

"你若是基督，就明明地告诉我们。"

犹太人原以为他们这样咄咄逼人的气势会使耶稣感到畏惧而否认祂自己是基督。因为他们并不承认耶稣是神的儿子，而认为祂只是一个人而已。他们是以色列的领导阶层，有名声，有权势，并且精通律法。在他们的眼中耶稣不过是一个穷木匠的儿子，所收留的门徒几乎都是渔夫出身，寒碜极了。因而即便耶稣彰显奇事和神迹，提供充分的可信的凭据，他们也不肯相信。我们看耶稣是怎样回答这些逼问祂是否基督的人。

你们不信是因为不是我的羊

> 耶稣回答说："我已经告诉你们，你们不信。我奉我父之名所行的事可以为我作见证。只是你们不信，因为你们不是我的羊。我的羊听我的声音，我也认识他们，他们也跟着我。（10章25-27节）

神透过各种方式告知人们耶稣是神子、降世为人的救主。施洗的约翰奉神的旨意作了这一见证；耶稣也亲口为自己作了见证，并且以奉神的名所彰显的大能证实自己口里所出的话。尽管如此，犹太人却死活不肯承认耶稣。

"我已经告诉你们，你们不信。"

"我奉我父之名所行的事可以为我作见证。只是你们不信，因为你们不是我的羊。"

犹太人不但不信，还对耶稣妄加论断、定罪，甚至策划杀祂的阴谋。如同羊听从牧者的声音一样，神的儿女必会相信神透过耶稣基督所成就一切的事。

我与父原为一

> 我又赐给他们永生，他们永不灭亡，谁也不能从我手里把
> 他们夺去。我父把羊赐给我，祂比万有都大，谁也不能从
> 我父手里把他们夺去。我与父原为一。"（10章28-30节）

耶稣说："我又赐给他们永生"，是指着信耶稣为救主的人领
受所赐的圣灵，死灵重活而言的。我们遵行神的道，顺着圣灵生
灵，渐渐变成真理的人，这就是永生的路径。永生，即真生命里面
没有死亡，所以信耶稣基督的人不至灭亡，反而永享天国的真福。

接着又说："谁也不能从我手里把他们夺去。"从中我们可以
得知耶稣是以何等的爱来爱我们。此话之意是：这群羊都是神所
赐的，所以我爱我的羊胜似生命，无论遇到任何威胁，也不能把羊
丢弃。故此，谁也无法从耶稣的手中把属于祂的灵魂夺走。

"谁能使我们与基督的爱隔绝呢？难道是患难吗？是困苦吗？
是逼迫吗？是饥饿吗？是赤身露体吗？是危险吗？是刀剑吗？"（罗
马书8章35节）

况且神比万有都大，谁能从耶稣的手中夺走祂的羊呢！"万
有"是指存在于这世界的一切，即包罗万象。宇宙之博大宽广，
超乎人的想象。谁能从我们比宇宙都博大的神的手中把我们夺走
呢？耶稣强调无人能将信从祂的人从祂手中夺走，并且表明其缘
由——"我与父原为一。"

耶稣之所以与神原为一，乃是因为祂是道成肉身，降世为人的神子（约翰福音1章14节）。祂又是因圣灵感孕而降生于世的。仅凭这一事实也能充分证明祂就是与本为灵的神原为一。

犹太人拿起石头来要打耶稣

> 犹太人又拿起石头来要打他。耶稣对他们说："我从父显出许多善事给你们看，你们是为哪一件拿石头打我呢？"犹太人回答说："我们不是为善事拿石头打你，是为你说僭妄的话；又为你是个人，反将自己当作神。"（10章31-33节）

耶稣说祂与神原为一，犹太人就异常激愤，又拿起石头要打祂，因为他们认为耶稣亵渎他们所侍奉的神。他们若醒悟耶稣所行的善事，都是超人能力的事，他们就必知道祂就是神同在的人。然而，他们对其善行漠不关心，惟独对"我与神原为一"的话竖起触角，拿此做文章。耶稣看透他们的心思，就智慧地提问，揭露他们的本心。

"我从父显出许多善事给你们看，你们是为哪一件拿石头打我呢？"

犹太人一一回顾耶稣至今所行的事，却找不到任何可用石头打祂的把柄。犹太人顿时语塞，便生搬硬套地说他们要用石头打

我是好牧人

祂是因为祂说僭妄的话，并说出祂僭妄的缘由是身为一个人，反将自己当作神。

"僭妄"的词义是：超越本分，妄为。在圣经上，该词是针对亵渎神性之行为的形容。

你们为何说我僭妄呢？

> 耶稣说："你们的律法上岂不是写着'我曾说你们是神吗'？经上的话是不能废的。若那些承受神道的人，尚且称为神；父所分别为圣，又差到世间来的，祂自称是神的儿子，你们还向祂说'你说僭妄的话'吗？（10章34-36节）

耶稣引用律法来提醒犹太人，因为律法对犹太人而言具有绝对权威性。耶稣引用的是诗篇82篇6节："我曾说：'你们是神，都是至高者的儿子。'"

那么，为何说圣经的话语是不能废的呢？

圣经是神赐予我们的约言。神非人，必不至后悔；也非人子，从不食言。祂说话必照着行；祂发言必照着成就。因为圣经就是信实之神的约言，所以说"经上的话是不能废的"。马太福音5章18节说："我实在告诉你们，就是到天地都废去了，律法的一点一画也不能废去，都要成全。"

耶稣说律法上记载"承受神道的人，尚且称为神"。

圣经上出现很多领受神特殊启示的人。神对自己所拣选的人，或以亲口说话的方式，或通过异象或异梦，告知祂自己的旨意。雅各第十一子约瑟曾因给埃及王法老解了无人能解的梦，使法老评价他说："象这样的人，有神的灵在他里头，我们岂能找得着呢？"（创世记41章38节）；带领以色列出埃及的领袖——摩西，从神领受了"我使你在法老面前代替神"的应许（出埃及记7章1节）；使徒保罗也因彰显神奇妙的大能，被人们视为神（使徒行传14章11节；28章6节）。

犹太人听耶稣说"我与神原为一"，就误解祂是在自称神。耶稣时常称神为父，从未宣称自己是神，可他们却将利未记24章16节的经文作为处死耶稣的律法依据，其上记着说："那亵渎耶和华名的，必被治死，全会众总要用石头打死他。不管是寄居的、是本地人，他亵渎耶和华名的时候，必被治死。"

你们纵然不信我，也当信这些事

我若不行我父的事，你们就不必信我；我若行了，你们纵然不信我，也当信这些事，叫你们又知道又明白父在我里面，我也在父里面。"他们又要拿祂，祂却逃出他们的手走了。（10章37-39节）

犹太人尽管亲眼看到耶稣所彰显的神之大能，却因心中充满嫉妒而不肯信祂，耶稣为之深感痛惜。因此嘱咐他们说：我行我父的事，你们理当信我，纵然不信，也当信这些事。

"我若不行我父的事，你们就不必信我；我若行了，你们纵然不信我，也当信这些事，叫你们又知道又明白父在我里面，我也在父里面。"

耶稣所行的事，乃因着神的大能，靠人的能力是行不出来的，这毋庸置疑。耶稣希望他们哪怕看到这些事，也能拥有信心。此话包含着耶稣想方设法多拯救一个灵魂的良苦用心。

耶稣虽然极力点醒他们，他们却仍然执迷不悟，顽固不化，反而更加杀气腾腾地欲要捉拿耶稣。此时，耶稣再次智慧地逃出他们的手走了。无人能捉拿耶稣的原因，一方面是因为祂受难的时候还没到；另一方面是因为祂的话语满有权柄和威严，令人不敢随意靠近。

约旦河外信耶稣的人们

> 耶稣又往约旦河外去，到了约翰起初施洗的地方，就住在那里。有许多人来到祂那里，他们说："约翰一件神迹没有行过，但约翰指着这人所说的一切话都是真的。"在那里信耶稣的人就多了。（10章40-42节）

耶稣又往约旦河外去。这是约翰起初施洗的庇哩亚地方。耶稣在那里对风闻而来的众人传讲天国的福音，医治他们各样疾病，行了许多权能。那地方的人因亲耳听到耶稣的讲道，亲眼看到祂所行的神迹，就说："约翰一件神迹没有行过，但约翰指着这人所说的一切话都是真的。"并有很多人信了耶稣。

庇哩亚人的反应跟犹太人截然不同，这就是心善之人和心恶之人的区别。善人听到善美之言或合乎真理的话，就会单纯地接纳和诚恳地相信。如果碰到一个人像耶稣那样用奇事和神迹证实所传的道，就更容易信了。因为"权能"是专属神的，无人能行，惟有住在神里面的人才能行得出来（诗篇62篇11节）。

主的足迹(上)

Footsteps of the Lord: Volume 1

本书所引圣经经文取自《现代标点和合本》

作　者: 李载禄
编　辑: 宾锦善
设　计: 乌陵出版社设计组
发　行: 乌陵出版社 (发行人: 宾圣男)
印　刷: 艺源印刷厂
出版日期: 2002年2月初版 (韩国, 乌陵出版社, 韩国语)
　　　　　2012年3月初版 (韩国, 乌陵出版社)

Copyright © 2012 李载禄博士
ISBN 978-89-7557-548-8, ISBN 978-89-7557-547-1(set)
Translation Copyright © 2010 郑求英博士

问 讯 处: 乌陵出版社
电　话: 82-2-837-7632 / 82-70-8240-2072
传　真: 82-2-869-1537

"乌陵"是旧约时代的大祭司为了求问神的旨意而使用的决断的胸牌,希伯来原意为"光"(出埃及记28章30节)。"光"代表着将我们引入生命的神的话语,因此"乌陵"也是代表着本为光的神。乌陵出版社为了用真光照亮整个世界,如今正在以祷告和赤诚,奔跑在文书宣教的前沿。